Daniela Hagestedt

Hausaufgaben in der Therapie psychischer Störungen

Einsatz und Nutzen in einer psychotherapeutischen Ambulanz

Diplomica® Verlag GmbH

Hagestedt, Daniela: Hausaufgaben in der Therapie psychischer Störungen: Einsatz und Nutzen in einer psychotherapeutischen Ambulanz, Hamburg, Diplomica Verlag GmbH 2012

ISBN: 978-3-8428-8179-2
Druck: Diplomica® Verlag GmbH, Hamburg, 2012

Bibliografische Information der Deutschen Nationalbibliothek:
Die Deutsche Nationalbibliothek verzeichnet diese Publikation in der Deutschen Nationalbibliografie; detaillierte bibliografische Daten sind im Internet über http://dnb.d-nb.de abrufbar.

Die digitale Ausgabe (eBook-Ausgabe) dieses Titels trägt die ISBN 978-3-8428-3179-7 und kann über den Handel oder den Verlag bezogen werden.

© Diplomica Verlag GmbH
http://www.diplomica-verlag.de, Hamburg 2012
Printed in Germany

Inhaltsverzeichnis

Abbildungsverzeichnis

Tabellenverzeichnis

1 Einleitung

Die Therapie psychischer Störungen wird häufig definiert als ein „geplanter, zielorientierter Prozess, um problematische, die Lebensführung beeinträchtigende Erlebens- und Verhaltensweisen eines Patienten zu verändern" (Fehm & Helbig, 2008, S.7). Umfassende Veränderungen, wie sie hier angestrebt werden, lassen sich nicht ausschließlich innerhalb der zeitlich stark begrenzten Therapiesitzungen erreichen, weshalb auch die Zeit außerhalb der Sitzungen zunehmende Beachtung findet. Ein wesentliches Therapieelement, um die Zeit zwischen den einzelnen Sitzungen nutzbar zu machen und einen Transfer des Gelernten in den Alltag zu erreichen, ist der Einsatz therapeutischer Hausaufgaben (Helbig & Fehm, 2005).

Heute sind Hausaufgaben ein wesentlicher Bestandteil zahlreicher Therapiemanuale für eine Reihe psychischer Störungen wie z.B. Depressionen, Panikstörungen, Bulimie, Schlafstörungen u.v.m. (Fehm & Fehm-Wolfsdorf, 2001) und ihre Wirksamkeit wurde in einer Reihe von Studien und in einigen Metaanalysen untersucht (vgl. Kazantzis, Deane & Ronan, 2000; Kazantzis, Whittington & Dattilio, 2010; Mausbach, Moore, Roesch, Cardenas & Patterson, 2010). Allerdings liegen außerhalb kontrollierter Therapiestudien kaum Daten zur Nutzung von Hausaufgaben vor (Fehm & Fehm-Wolfsdorf, 2001). So existieren nur wenige Studien, die sich mit der Rolle therapeutischer Hausaufgaben in der klinischen Praxis befassen und näher untersuchen, ob Hausaufgaben tatsächlich systematisch genutzt werden und welchen Einfluss ein unsystematischer Einsatz auf das Therapieergebnis hat (vgl. Fehm & Kazantzis, 2004; Kazantzis, Busch, Ronan & Merrick, 2007; Kazantzis & Ronan, 2006). Die Nützlichkeit weiterer Forschungsvorhaben auf diesem Gebiet betonen auch Kazantzis und Dattilio (2010, S.760): „An improved understanding of the day-to-day use of homework assignments in clinical practice would seem like a useful step in advancing the evidence base."

Die vorliegende Studie versucht einen Beitrag zu diesem Themengebiet zu leisten, indem anhand von Stundenprotokollen einer psychotherapeutischen Ambulanz die tatsächliche Nutzung von Hausaufgaben in der klinischen Praxis näher untersucht wird.

Im Folgenden wird aus Gründen der Lesbarkeit für Begriffe wie *Therapeut/in* und *Patient/in* nur die männliche Schreibweise gebraucht, womit sowohl männliche als auch weibliche Personen gleichermaßen gemeint sind.

2 Theoretischer Hintergrund

Im theoretischen Teil wird zunächst darauf eingegangen, warum Hausaufgaben in einer Therapie sinnvoll sein können (Abschnitt 2.1), wie diese definiert werden und welche Arten von Hausaufgaben sich unterscheiden lassen (Abschnitt 2.2). Anschließend werden empirische Untersuchungen vorgestellt, die sich mit der Wirksamkeit von Hausaufgaben beschäftigen (Abschnitt 2.3) und es wird genauer betrachtet in welchen Bereichen der Psychotherapie Hausaufgaben in der Praxis eingesetzt werden (Abschnitt 2.4). Der Theorieteil schließt mit einem Fazit und einem Ausblick auf die vorliegende Studie ab (Abschnitt 2.5).

2.1 Warum Hausaufgaben in der Psychotherapie?

"All forms of psychotherapy are charged with the task of ultimately transcending the boundaries of the consulting room if therapy is to have an impact on patients' lives."

(Kazantzis & L'Abate, 2007)

Psychotherapie zielt darauf ab problematische oder beeinträchtigende Erlebens- und Verhaltensweisen eines Patienten zu verändern (Fehm & Helbig, 2008). Eine effektive Therapie befähigt den Patienten also, neu erlernte Verhaltens- oder Denkweisen gerade in den Alltagssituationen einzusetzen, in denen vorher Probleme auftraten (Kazantzis & L'Abate, 2005). Solche umfassenden Veränderungen lassen sich jedoch nicht in den zeitlich stark begrenzten Therapiesitzungen allein erreichen: Geht man von einer Therapiestunde pro Woche aus, ergeben sich im Verhältnis dazu (nach Abzug der Schlafzeiten) 111 Stunden wacher Zeit, in denen das Problemverhalten im Alltag des Patienten auftreten kann (Fehm & Helbig, 2008).

In Anlehnung an allgemeine Lerntheorien lässt sich feststellen, dass das Erlernen neuer Fähigkeiten oder Denkweisen ein aktiver Lernprozess ist. Die Stabilisierung und die flexible Anwendung neuen Verhaltens setzt voraus, dass das Gelernte in möglichst unterschiedlichen Situationen und Kontexten, vor allem auch in solchen die bisher vermieden wurden, eingesetzt und geübt wird (vgl. Fehm & Helbig-Lang, 2009; Wendlandt, 2002). Zudem spielt auch die Anzahl der Wiederholungen eine große Rolle: „Je häufiger ein Verhalten gezielt ausgeführt wird, desto schneller steht es in Zukunft zum Abruf bereit und wird auch automatisch öfter gezeigt" (Fehm & Helbig, 2008, S.15). Außerdem ist zu bedenken, dass sich die Therapiezeit deutlich vom Alltag des Patienten unterscheidet, sowohl in ihrer Beziehungsgestaltung, als auch in ihren äußeren Gegebenheiten (Fehm & Helbig, 2008). Es stellt sich also die Frage, wie in der Therapie Gelerntes auf andere Situationen im Alltag des Patienten generalisiert und langfristig aufrecht erhalten werden kann (Fehm & Helbig, 2008).

Aus diesen Überlegungen ergibt sich, dass therapeutische Hausaufgaben genau in diesen Bereichen einen Beitrag leisten können: Durch ihren Einsatz kann die Therapie über die Sitzungen hinaus verlängert werden und neu erworbene Fertigkeiten können im Alltag in sehr unterschiedlichen Situationen und Kontexten erprobt, wiederholt eingesetzt und verfestigt werden (Kazantzis & Lampropoulos, 2002). Eine ausführlichere Darstellung lerntheoretischer Hintergründe zum Einsatz von Hausaufgaben findet sich bei Kazantzis und L'Abate (2005).

2.2 Hausaufgaben: Definitionen und Ziele

Nachdem im vorangegangenen Abschnitt kurz umrissen wurde, weshalb der Einsatz von therapeutischen Hausaufgaben einen sinnvollen Beitrag im Rahmen der psychotherapeutischen Behandlung darstellt, soll in diesem Abschnitt näher erklärt werden, was genau Hausaufgaben sind und welche Ziele durch ihren Einsatz verfolgt werden.

2.2.1 Begriffsdefinition: Hausaufgaben

Eine verbindliche Definition therapeutischer Hausaufgaben gibt es derzeit nicht, was sich auch in der Vielzahl unterschiedlicher Begriffe widerspiegelt, die in der wissenschaftlichen Literatur zur Beschreibung von Hausaufgaben gebraucht werden (Kazantzis, 2005). Darunter fallen in englischsprachigen Publikationen beispielsweise die Begriffe *extratherapy assignment* (Kornblith, Rehm, O'Hara & Lamparski, 1983), *self-help assignments* (Burns, 1989), *show that I can tasks* (Hudson & Kendall, 2002), *home practice activities* (Blanchard et al., 1991), *postsession behavior* (Mahrer, Nordin & Miller, 1995) oder *experiment* (Dattilio, 2002). Auch im deutschen Sprachraum werden gelegentlich andere Begriffe verwendet, wie z.B. *Verhaltensübung*, *Therapieaufgabe*, *Übungs-* oder *Trainingsaufgabe*, *Vereinbarung* oder *Alltagstest* (Borgart & Kemmler, 1989; Fehm & Helbig, 2008). Dies ist zum Teil nicht nur auf das Fehlen einer verbindlichen Definition zurückzuführen, sondern auch auf die Tatsache, dass einige Autoren befürchten, der Begriff *Hausaufgabe* könnte durch die Schulzeit negative Erinnerungen hervorrufen und deshalb in der Therapie unangebracht sein (vgl. Kazantzis & L'Abate, 2007; Wendlandt, 2002). Diesen Bedenken stehen jedoch Studien gegenüber, die eine breite Akzeptanz des Begriffs *Hausaufgabe* auf Seiten der Patienten zeigen konnten (z.B. Fehm & Mrose, 2008) und auch Therapeuten nutzen diese Bezeichnung im Alltag häufig, was indirekt ebenfalls auf eine Akzeptanz des Begriffes schließen lässt (Breil, 2010).

Nach Shelton und Ackerman, die bereits in den 70er Jahren in ihrem mittlerweile zum Klassiker geworden Buch *Verhaltens-Anweisungen. Hausaufgaben in Beratung und Psychothe-*

rapie die Wichtigkeit von Hausaufgaben im therapeutischen Prozess betonen, sind Hausaufgaben:

> Anweisungen, [...], die der Klient außerhalb der Therapiestunden befolgen soll. Diese Anweisungen berücksichtigen alle erhobenen Daten über das Verhalten des Klienten und seine Beziehung zur Umwelt. Außerdem wird der Klient ermutigt, gewissen Verhaltensrichtlinien zu entsprechen und Ergebnisse über die Wirksamkeit des Programms rückzumelden. Hausaufgaben werden gemeinsam von dem Therapeuten und dem Klienten geplant und steigern die Fähigkeit des Klienten zur Selbsteinschätzung und Selbststeuerung weit über das Ende der Therapie hinaus. (Shelton & Ackerman, 1978, S.9)

Borgart und Kemmler (1989) beschreiben Hausaufgaben als „Aufgaben, die der Klient außerhalb des Therapiezimmers zwischen den Therapiesitzungen durchführt, um das in der Therapie Gelernte einzuüben und zu vertiefen, auf seinen konkreten Lebensbereich zu übertragen oder Beobachtungsmaterial für die nächste Therapiesitzung zu sammeln" (Borgart & Kemmler, 1989, S.10).

Kazantzis (2005) legt in seiner ausführlicheren Definition explizit einen kognitiv-verhaltenstherapeutischen Kontext zugrunde und definiert Hausaufgaben wie folgt:

> Homework assignments are planned therapeutic activities undertaken by clients between therapy sessions. Their content is derived primarily from the empirically supported cognitive behavioral therapy model for the particular presenting problem but is tailored for the client based on an individualized conceptualization. Designed collaboratively, homework assignments are focused on the client's goals for therapy. Homework assignments represent the main process by which clients experience behavioral and cognitive therapeutic change, practice and maintain new skills and techniques, and experiment with new behaviors. Homework assignments also provide an opportunity for clients to collect information regarding their thoughts, moods, physiology, and behaviors in different situations and to read information related to therapy and their presenting problem. (Kazantzis, 2005, S.2)

Vergleicht man die hier vorgestellten und die zahlreichen weiteren Definitionsversuche in der wissenschaftlichen Literatur miteinander, so zeigen sich einige Gemeinsamkeiten: Zum einen gehen alle Definitionen davon aus, dass wesentliche Veränderungen zwischen den eigentlichen Therapiesitzungen stattfinden können und Hausaufgaben als gezielte Anleitung zur Herbeiführung solcher Prozesse genutzt werden (Fehm & Helbig, 2008). Kazantzis (2005) bezeichnet sie sogar als Hauptprozess für jegliche kognitive und behaviorale Veränderung. Auffällig ist, dass in keiner der Definitionen konkrete Angaben zu den Inhalten von Aufgaben gemacht werden. Kazantzis (2005) betont, dass der Inhalt einer Hausaufgabe individuell auf die Bedürfnisse des Patienten abgestimmt werden soll und verweist lediglich auf die unterschiedlichen Ziele die durch Hausaufgaben verfolgt werden können (vgl. Abschnitt 2.2.4). Hieraus ergibt sich, dass die konkreten Aufgabeninhalte äußerst vielfältig sein können (Fehm & Helbig-Lang, 2009) und dass sich die Bestimmung einer Hausaufgabe vor allem über den Zeitpunkt ihrer Erledigung, nämlich außerhalb der Therapiesitzungen, und ihrer Funktion für die Therapie ergibt (z.B. Übung, Gewinnung neuer Informationen).

Es ist jedoch auch festzustellen, dass sich die Definitionen im Wandel der Zeit verändert haben: Gingen Shelton und Ackerman (1978) noch stärker von einer medizinisch geprägten Auffassung aus, in der Hausaufgaben etwas sind, was der Patient auszuführen hat, legen neuere Definitionen einen stärkeren Fokus auf die Eigenverantwortung des Patienten und sehen Hausaufgaben eher als Hilfe zur Selbsthilfe (Fehm & Helbig, 2008).

2.2.2 Begriffsdefinition: Compliance und Adhärenz

Weitere wichtige Begriffe, die in der Hausaufgabenforschung gebräuchlich sind und deshalb einer kurzen Erläuterung bedürfen, sind die Begriffe *Compliance* oder *Adhärenz* (engl.: adherence). Beide Bezeichnungen sind Oberbegriffe, die in der Literatur der Erledigung von Hausaufgaben zugeordnet werden: In Analogie zur Befolgung medizinischer Anordnungen wird die Bereitschaft und die Fähigkeit des Patienten eine Hausaufgabe wie vereinbart durchzuführen als Compliance bezeichnet (Fehm & Helbig, 2008; Helbig & Fehm, 2005). Adhärenz bezeichnet laut Definition der World Health Organization „[...] das Ausmaß der Übereinstimmung des Verhaltens einer Person (z.B. Medikamenteneinnahme, Befolgen von Ernährungsempfehlungen und/oder die Umsetzung von Änderungen des Lebensstils) mit den vereinbarten Empfehlungen eines Behandelnden des Gesundheitsversorgungssystems" (WHO, 2003, S.3).

Die Bezeichnung *Compliance* ist in der wissenschaftlichen Literatur bislang gebräuchlicher (Helbig & Fehm, 2005) und teilweise werden beide Begriffe auch synonym verwendet (vgl. Breil, 2010; Kazantzis, Deane & Ronan, 2005). Allerdings wird vor allem in neuen Publikationen darauf hingewiesen, dass der Begriff *Adhärenz* im Bereich Psychotherapie angemessener sei, da er die Mitbestimmung und Eigenverantwortlichkeit des Patienten stärker betone und nicht von einem bloßen Befolgen von Anweisungen ausgehe (z.B. Fehm & Fehm-Wolfsdorf, 2009; Fehm & Helbig, 2008). Diesen neuen Empfehlungen entsprechend, wird auch in der vorliegenden Studie nur der Begriff *Adhärenz* zur Bezeichnung der Hausaufgabenerledigung verwendet.

2.2.3 Arten von Hausaufgaben

Schon in den unter Abschnitt 2.2.1 behandelten Ausführungen zur Definition von Hausaufgaben wurde angedeutet, dass die konkrete Ausgestaltung einer Therapiehausaufgabe vielfältige Formen annehmen kann. Außerdem zeigen Zusammenstellungen von Hausaufgaben zu unterschiedlichen Störungen, dass die Aufgabenvielfalt fast unerschöpflich ist (z.B. Shelton & Ackerman, 1978; Wendlandt, 2002). Zur Veranschaulichung dieses Sachverhalts sind in Tabelle 1 einige Beispiele für Therapiehausaufgaben aufgeführt (vgl. u.a. Breil, 2010; Fehm & Helbig-Lang, 2009; Wendlandt, 2002):

Tabelle 1: Beispiele für therapeutische Hausaufgaben

Ein Symptomprotokoll führen
Dysfunktionale Gedanken erkennen und notieren
Fehlende Informationen einholen
Angstauslösende Situationen an mehreren Wochentagen aufsuchen
Erarbeitete Verhaltensweisen umsetzen
Angenehme Aktivitäten planen und durchführen
Bild zu einem therapeutischen Thema malen
Mit einer anderen Person über die eigenen Gefühle sprechen
Hyperventilationsübungen durchführen
Gespräche mit Bezugspersonen führen

Diese Aufzählung stellt nur einen winzigen Ausschnitt des breiten Spektrums an möglichen Hausaufgaben dar, die zusätzlich jeweils individuell auf den Patienten abgestimmt und ausgestaltet werden müssen.

Es finden sich in der Literatur einige Versuche zur Systematisierung von Hausaufgaben in verschiedenen Kategoriensystemen (Breil, 2010), was jedoch aufgrund der Unbegrenztheit der Einzelaufgaben ein anspruchsvolles Unterfangen darstellt (Fehm & Helbig, 2008). Mahrer et al. (1995) identifizierten in 100 verschiedenen Studien jeweils die verwendeten Hausaufgaben und erstellten anhand ihrer Funde und in Anlehnung an bereits existierende Kategoriensysteme eine eigene Einteilung in der sie sechs Arten von Standardaufgaben identifizierten. In Tabelle 2 findet sich eine Übersicht der Kategorien nach Mahrer et al. (1995), die durch Fehm und Helbig (2008) mit Beispielen zur Ausgestaltung der Standardaufgaben ergänzt wurden.

Tabelle 2: Standardhausaufgaben nach Mahrer et al. (1995, aus Fehm & Helbig, 2008)

Aufgabe	Beispiele für Gestaltungsmöglichkeiten dieser Aufgabe
Das Problemverhalten protokollieren	- Protokollbogen - Symptomtagebuch
Bewusst oder übertrieben eine problematische Verhaltensweise ausführen	- Grübelstunde einführen - Symptomverschiebung: Schlafentzug bei Schlafstörungen - „Shame Attack"-Übungen (z.B. im Bus laut die Zeit ansagen)
Eine Verhaltensweise ausführen, die direkt das Problemverhalten blockiert	- „Auszeit" bei Impulskontrollproblemen - Gedankenstopp - Entspannungstraining
Eine „normale" Verhaltensweise anstelle einer problematischen Verhaltensweise bzw. zur Reduktion einer problematischen Verhaltensweise ausführen	- Soziale Kompetenz: Dem Partner eigene Wünsche mitteilen - Verhaltensvertrag: Nur einmal für 1 Minute Hände waschen statt exzessivem Waschen
Dysfunktionale Gedanken durch angemessenere Gedanken ersetzen	- Sich über bestimmte Aspekte des Problems informieren (z.B. Wahrscheinlichkeit, sich mit AIDS anzustecken) - ABC-Schema ausfüllen - Karteikarten mit angemessenen Gedanken erstellen und mitnehmen
Sich selbst belohnen oder bestrafen	- Sich selbst etwas Gönnen nach Einhaltung einer Therapievereinbarung

Obwohl nach Fehm und Helbig (2008) in dieser Taxonomie schon wichtige Aufgabenkategorien enthalten sind, gibt es dennoch viele Aufgaben, die nicht in das vorgeschlagene Schema eingeordnet werden können. Ein Beispiel hierfür sind die zahlreichen bibliotherapeutischen Maßnahmen (schriftliche Manuale, aber auch Tonband- und Videoaufzeichnungen), die häufig im Rahmen der Psychoedukation zu Beginn einer Therapie, aber auch therapiebegleitend als Anleitung zur Selbsthilfe Verwendung finden.

Eine Einteilung von Hausaufgabenarten in der bibliotherapeutische Maßnahmen stärker berücksichtigt werden, findet sich bei Wendlandt (2002), der zehn verschiedene Kategorien von Hausaufgaben vorschlägt (Tabelle 3).

Tabelle 3: Hausaufgabenkategorien nach Wendlandt (2002)

1.	Wahrnehmungs- und Beobachtungsaufgaben
2.	Lesen von Texten
3.	Übungen mit konkreten Verhaltensweisen und komplexen Fähigkeiten
4.	Selbsterfahrungsbezogene Experimente
5.	Eintragungen in vorgefertigte Protokolle oder Registriersysteme
6.	Notizen zu vorgegebenen Fragestellungen und Aspekten eines eigenen Problems
7.	Therapietagebuch
8.	Kreative Medien: Modellieren, Malen, Zeichnen, Fotografieren und Videoarbeit
9.	Tonband- oder Videoaufzeichnungen
10.	Interview und Gespräche mit Bezugspersonen

Breil (2000, zitiert nach Fehm & Helbig, 2008) versuchte als Erste systematisch eine Taxonomie von Hausaufgabentypen mittels faktorenanalytischer Verfahren zu erstellen. Aus ihrer Clusteranalyse von Therapeutenangaben über Hausaufgabenvereinbarungen entwickelte sie ein hierarchisch gestuftes Schema. Auf der obersten von drei Ebenen werden zwei grundlegende Typen von Aufgaben unterschieden: *Kognitive Aufgaben* und *behaviorale/ übungsorientierte Aufgaben*. Diese sind dann in vier weitere Kategorien und darauf in insgesamt 11 Unterkategorien unterteilt (Breil, 2010). Tabelle 4 zeigt eine Übersicht der Systematik mit ausgewählten Beispielen für jede Kategorie.

Tabelle 4: Systematisierung von Hausaufgaben nach Breil (2010)

K - Kognitive Hausaufgaben		
Kategorie	*Unterkategorie*	*Beispiele*
I. Aktuelles beobachten, aufschreiben, protokollieren	1. Aktuelles beobachten, aufschreiben, protokollieren	- Symptomtagebücher, Stimmungstagebücher - Wochenpläne führen - Gefühle aufschreiben - Registrieren und protokollieren dysfunktionaler Kognitionen - ABC-Schema ausfüllen
II. Reflexion	2. Informationen	- Videos ansehen - Materialien zur Therapie lesen
	3. Beobachtung und Schreiben	- Beobachten was gut läuft/schön ist/ Spaß macht - Positive Dinge beobachten - Sich selbst Briefe schreiben - Drehbuch/Geschichte schreiben
	4. Nachdenken, Überlegen	- Überlegen wie ein gutes Therapieende aussehen könnte - Sich klarer werden, weshalb nächster Therapieschritt attraktiv ist
	5. Restkategorie	- Selbstbildkuchen - Disputation

Tabelle 4 (Fortsetzung): Systematisierung von Hausaufgaben nach Breil (2010)

B – Behaviorale/ übungsorientierte Hausaufgaben		
Kategorie	*Unterkategorie*	*Beispiele*
III. Konfrontation	6. Konfrontation	- Üben Fahrstuhl zu fahren - Hyperventilationsübungen machen - Auslösende Gedanken/ Geräusche auf Tonband aufnehmen und immer wieder anhören
IV. Andere Aktivitäten	7. Positive Aktivitäten	- Sich etwas Gutes tun - Erholungsphasen
	8. Sexualtherapeutische Aufgaben	- Streicheln - Genitalbereich betrachten
	9. Aufrechterhaltung	- Schon erarbeitete Strategien anwenden (Atemtechnik, Karteikarten) - Das, was bisher erreicht wurde, weiter machen
	10. Annahme überprüfen	- Überprüfen ob Befürchtungen eintreffen - Realitätstests - Andere Leute befragen
	11. Restkategorie	- Paradoxe Aufgabe (z.B. Münze werfen) - Grübelstunde

Diese Systematisierung ist aufgrund ihrer klaren Struktur vor allem für die Einordnung von Hausaufgabentypen im Rahmen von Forschungsarbeiten gut geeignet. Kritisch anzumerken ist allerdings, dass Breil überwiegend Hausaufgaben aus mittleren Therapiephasen in ihre Analyse einbezog und somit Hausaufgaben aus den Anfangs- und Endphasen der Therapien kaum berücksichtigt wurden (Fehm & Helbig, 2008). Daher schlagen Fehm und Helbig (2008) eine um die Therapiestadien erweiterte Klassifikation von Hausaufgaben vor.

Die hier vorgestellten Einteilungsmöglichkeiten bieten einen groben Rahmen zur Orientierung, wie Hausaufgaben sinnvoll kategorisiert werden können. Durch die Unterschiede zwischen den Taxonomien wird aber erneut deutlich, wie vielfältig und individuell Hausaufgaben ausgestaltet werden können und dass es bisher nicht gelungen ist eine zufriedenstellende Systematik zu ermitteln, die dieser Vielfalt vollkommen gerecht werden kann.

2.2.4 Ziele und Wirkmechanismen von Hausaufgaben

Hausaufgaben erfüllen zum einen die konkreten Ziele der Aufgabe, die sich aus der Aufgabenstellung selbst ergeben, wie z.B. der Aufbau sozialer Fertigkeiten oder das Einüben von Entspannungstechniken (Primakoff, Epstein & Covi, 1986). Zum anderen haben Hausaufgaben aber auch eine Reihe unspezifischer Wirkungen, unabhängig von ihrem konkreten Inhalt. Diese können, in Anlehnung an die allgemeinen Wirkfaktoren von Psychotherapie nach Grawe (1998), anhand folgender therapeutischer Prozesse dargestellt werden (vgl. Fehm & Helbig, 2006; Fehm & Helbig, 2008; Fehm & Helbig-Lang, 2009):

1. *Prozessuale/ Problemaktivierung*: Hausaufgaben tragen dazu bei dem Patienten problematische Erlebens- und Verhaltensweisen bewusst zu machen und ermöglichen es ihm korrektive Erfahrungen zu sammeln (z.B. durch Symptomtagebücher, Reiz-Reaktions-Ketten).

2. *Intentionsrealisierung*: Hausaufgaben regen den Patienten dazu an eigene Aktivitäten zu planen und durchzuführen und tragen zum Aufbau einer positiven Selbstwirksamkeitserwartung und einer realistischen Einschätzung des therapeutischen Prozesses bei.

3. *Intentionsveränderung*: Die Bereitschaft therapeutische Hausaufgaben zu erledigen, kann als Indikator für die Veränderungsbereitschaft des Patienten angesehen werden.

4. *Ressourcenaktivierung*: Hausaufgaben unterstützen den allgemeinen Aufbau von Aktivitäten und machen dem Patienten erfahrbar, dass auch neue Verhaltensweisen in sein Verhaltensrepertoire eingebunden werden können. Der Handlungsspielraum sowie die Selbstwirksamkeitserwartung des Patienten können somit erweitert werden.

Aus den oben genannten Wirkprinzipien wird deutlich, dass es eine entscheidende Funktion von Hausaufgaben ist, die Eigenverantwortlichkeit des Patienten im Therapieprozess herauszustellen (Fehm & Helbig-Lang, 2009). Diese Annahme findet sich auch bei Borgart und Kemmler (1989): Sie nennen fünf verschiedene Zielsetzungen von Hausaufgaben:

1. *Informationssammlung über Problemsituationen*

2. *Zeit und Kosten sparen*

3. *Transfer der Therapieinhalte in den Alltag*

4. *Neue Erfahrungen sammeln*

5. *Ausbildung von Selbstveränderungskompetenzen*

Andere Autoren nennen noch weitere Funktionen von Hausaufgaben. Hierzu zählen die Stärkung der Therapiemotivation und der Mitarbeitsbereitschaft (Fehm & Helbig-Lang, 2009; Wendlandt, 2002), die Integration von Bezugspersonen in die Therapie (Freeman & Rosenfield, 2005), die Vermittlung von relevanten Informationen z.B. durch Bibliotherapie (Beck, 1999) und die Überprüfung, ob Patienten die Therapieinhalte verstanden haben (Hudson & Kendall, 2002). Desweiteren vermittelt der explizite Einsatz von Hausaufgaben dem Patienten die Bedeutung von aktiver Mitarbeit in der Therapie (Nelson, Castonguay & Barwick, 2007) und Hausaufgaben können hilfreich sein um längere Therapiepausen zu überbrücken und so ein Gefühl der Kontinuität herzustellen (Deane, Glaser, Oades & Kazantzis, 2005). Auch fungieren Hausaufgaben nach Kazantzis und Lampropoulos (2002) im Sinne einer Rückfallprophylaxe, da schon im Vorfeld potentiell schwierige Situationen identifiziert werden können und die Entwicklung von Coping-Strategien ermöglicht wird.

Durch die Allgemeingültigkeit der oben genannten Wirkprinzipien und Ziele wird deutlich, dass Hausaufgaben nicht als Einzelintervention verstanden werden sollten, sondern in allen Therapiephasen einen bedeutsamen Bestandteil von Psychotherapie darstellen (vgl. z.B. Beck, Rush, Shaw & Emery, 1979). Sie sind eine „wesentliche Basisvoraussetzung für die Initiierung und Stabilität jeglicher therapeutischer Veränderung" (Fehm & Helbig, 2008).

2.3 Empirische Befunde zur Wirksamkeit von Hausaufgaben

Nachdem bisher auf theoretischer Basis erläutert wurde, welchen Nutzen Hausaufgaben in der Therapie erbringen könnten, behandelt dieser Abschnitt die aktuelle empirische Befundlage zur Wirksamkeit von Hausaufgaben und stellt Studien vor, die den Einfluss von Hausaufgaben in der Therapie psychischer Störungen näher untersucht haben.

Borgart und Kemmler stellten noch 1989 fest, dass „die Beliebtheit der Anwendung von Hausaufgaben im umgekehrten Verhältnis zu ihrer Erforschung steht" (S.11). Dieses Missverhältnis hat sich seit Ende der 80er Jahre sicherlich verschoben und Kazantzis, Deane, Ronan und Lampropoulos (2005) stellen fest, dass die Hausaufgabenforschung in den letzten Jahrzehnten stark zugenommen hat. Hierbei steht meist eine von zwei Forschungsfragen im Vordergrund: (a) Verbessert sich das Therapieergebnis durch den Einsatz von Hausaufgaben? (b) Ist das Ausmaß der Hausaufgabenadhärenz ein Prädiktor für das Therapieergebnis?

Zur Beantwortung der ersten Frage (a) werden im Rahmen experimenteller oder quasi-experimenteller Studien meist Therapien mit Hausaufgaben und Therapien ohne Hausaufgaben miteinander verglichen, um hausaufgabenspezifische Effekte auf das Therapieergebnis zu ermitteln. Der Zusammenhang zwischen der Adhärenz des Patienten und dem Therapieergebnis (b) hingegen, wird meist im Rahmen korrelativer Studien an einer einzigen Patientengruppe untersucht (Kazantzis & Lampropoulos, 2002).

Im Folgenden wird diese grundlegende Einteilung beibehalten (Abschnitt 2.3.1 - 2.3.3). In Abschnitt 2.3.4 werden dann die methodischen Probleme im Zusammenhang mit den beschriebenen Hausaufgabenstudien näher erläutert. Abschließend werden unter Abschnitt 2.3.5 Metaanalysen vorgestellt, die versuchen, die Einzelbefunde zu integrieren.

2.3.1 Der Einsatz von Hausaufgaben und das Therapieergebnis

Es existieren eine Reihe von empirischen Studien, die Therapien in denen Hausaufgaben einge-
setzt werden mit Therapien vergleichen in denen keine Hausaufgaben zum Einsatz kommen.
Hierbei wurde vor allem für depressive Störungen sowie Angst- und Zwangsstörungen unter-
sucht, ob Therapien mit Hausaufgaben bessere Therapieergebnisse erzielen als Therapien ohne
Hausaufgaben. Diese kommen bislang jedoch oft nicht zu einheitlichen Ergebnissen (Kazantzis,
Deane, Ronan & Lampropoulos, 2005).

<u>Depressive Störungen</u>

In einer wöchentlichen, nicht direktiven Gruppentherapie berichten Harmon, Nelson und Hayes (1980) von einer Zunahme der selbstberichteten, angenehmen Aktivitäten und einer Abnahme der depressiven Stimmung durch die zusätzliche Administration von self-monitoring
Aufgaben. Leider war in dieser Untersuchung die Gesamtstichprobe (N=8) sehr klein. Auch
Kornblith et al. (1983) untersuchten den Effekt von Hausaufgaben bei Patienten (N=22) die an
einer Selbstkontrolltherapie für Depressionen teilnahmen. Während die Hälfte der Patienten
an Therapiegruppen teilnahm, in denen Hausaufgaben Bestandteil der Therapie waren, erhielten die anderen Patienten die gleiche Therapie, nur ohne Hausaufgaben. Beide Therapien waren gleichermaßen effektiv in der Reduktion der depressiven Symptomatik, die Integration von
Hausaufgaben hatte also keinen zusätzlichen Effekt auf das Therapieergebnis. In einer genaueren Analyse der verwendeten Methodik stellten die Autoren jedoch fest, dass die durchschnittliche Adhärenz in der Hausaufgabengruppe nur bei etwa 55% lag und dass Patienten in der
Gruppe ohne Hausaufgaben sich zum Teil eigenständig Aufgaben überlegt hatten, so dass die
Ergebnisse kaum mehr sinnvoll interpretiert werden können.

    Neimeyer und Feixas (1990) wiesen depressive Patienten zufällig kognitiv-behavioralen
Therapiegruppen mit (n=32) oder ohne (n=31) Hausaufgaben zu. Nach Ende der Therapie stell-
ten sie fest, dass die Gruppenzugehörigkeit nur auf einem ihrer Messinstrumente einen maß-
geblichen Einfluss auf das Therapieergebnis hatte: Wurde die Depressionssymptomatik vom
Therapeuten eingeschätzt (Hamilton Rating Scale for Depression (HRSD); Hamilton, 1960) zeigte sich in der Gruppe mit Hausaufgaben eine signifikant stärkere Verbesserung. Wurde die
Symptomatik allerdings durch den Patienten eingeschätzt (Beck Depression Inventory (BDI);
Beck et al., 1979), konnten keine Gruppenunterschiede gefunden werden. Nach sechs Monaten verschwanden die Gruppenunterschiede auch beim Therapeutenrating.

Auch bei Untersuchungen zu Angststörungen zeigen sich uneinheitliche Ergebnisse: Edelman und Chambless (1993) verglichen Gruppentherapien mit (n=28) und ohne (n=20) Hausaufgaben in der Expositionsbehandlung von agoraphobischen Patienten und konnten auf keinem ihrer Outcomemaße einen Effekt feststellen. Allerdings wurden die Patienten nicht zufällig in die Gruppen eingeteilt und die Autoren schließen nicht aus, dass es Unterschiede zwischen den Patienten in den verschiedenen Therapiemodalitäten gegeben haben könnte. In einer Studie von Marks et al. (1988) war das Hauptziel nicht die Untersuchung von Hausaufgabeneffekten, sondern der Vergleich zwischen psychologischen Treatments, Medikamenteneinnahme (Clomipramine) und Placebo-Gruppen bei der Behandlung von Zwangsstörungen. Es stellte sich jedoch heraus, dass die Expositionsübungen zuhause die wirksamste Behandlungskomponente im Vergleich zu allen anderen war (Medikament, Placebo, Exposition mit dem Therapeuten).

Kazdin und Mascitelli (1982) untersuchten die Effekte eines Selbstbehauptungstrainings an 68 freiwilligen Teilnehmern: Die Teilnehmer wurden gleichmäßig auf vier verschiedene Trainingsmodalitäten verteilt (jeweils n=17), wovon zwei Hausaufgaben beinhalteten, die anderen beiden jedoch nicht. Es zeigte sich, dass beide Trainingsformen mit Hausaufgaben, denen ohne Hausaufgaben stark überlegen waren, sowohl im direkten Ergebnis, als auch im Follow-Up nach acht Monaten.

2.3.2 Der Einsatz von Hausaufgaben und die Therapiedauer

Erste Hinweise darauf, dass auch die Dauer einer Therapie durch Hausaufgaben reduziert werden kann, liefert eine Studie von Botella und Garcia-Palacios (1999): 23 Patienten mit Panikstörungen erhielten entweder 10 Stunden Therapie (treatment as usual) oder eine reduzierte Form der Therapie (5 Stunden), die von Selbsthilfematerialien für zuhause begleitet wurde. Beide Therapieformen waren gleichermaßen effektiv, sowohl in Maßen zur Erfassung von Angst und Depression, als auch in der Anzahl der Panikattacken nach Abschluss der Therapie und im Follow-Up nach 12 Monaten. Leider war aus der Studie nicht ersichtlich, ob auch Patienten im *treatment as usual* Hausaufgaben bekommen hatten oder inwieweit die Selbsthilfematerialien in der kürzeren Therapie auch tatsächlich bearbeitet wurden. In Kontrast zu den Ergebnissen von Botella und Garcia-Palacios (1999) steht eine Studie von L'Abate, L'Abate und Maino (2005). Sie verglichen Therapien aus ihrer eigenen Praxis mit erwachsenen Klienten in Einzeltherapie, Paartherapie oder Familientherapie: Alle Therapien die zwischen 1973 und 1983 durchgeführt wurden, enthielten keine Hausaufgaben (n=23 individuell; n=66 Paare; n=42 Familien), während Therapien zwischen 1984 und 1998 standardmäßig ein Workbook für

Übungen zuhause beinhalteten (*n*=24 individuell; *n*=47 Paare; *n*=16 Familien). Ein Vergleich der durchschnittlichen Therapielänge zeigte, dass die Therapien mit Hausaufgaben-Workbooks entgegen aller Erwartungen signifikant länger waren, sowohl im Gesamtsample als auch in den einzelnen Subsamples. Leider enthielt die Studie keine Daten zum Therapieoutcome, so dass nicht überprüft werden konnte, ob beide Therapieformen auch gleichermaßen effektiv waren.

In einer Studie von Al-Kubaisy et al. (1992) wurden 3 verschiedene Therapien für phobische Patienten verglichen (*N*=80; Agoraphobie, soziale Phobie und spezifische Phobien). In der ersten Gruppe wurde neben selbstdurchgeführten Expositionen zuhause, auch Expositionen mit dem Therapeuten durchgeführt. Die zweite Gruppe führte die Expositionen nur alleine durch und hatte lediglich wöchentliche Sitzungen zur Besprechung mit dem Therapeuten. Die dritte Gruppe hatte ebenfalls eine Therapiestunde pro Woche, übte zuhause aber lediglich die Anwendung von Entspannungstechniken. Obwohl die Hausaufgabenadhärenz in allen drei Gruppen vergleichbar war (ca. 70%), verbesserten sich die Expositionsgruppen signifikant deutlicher, als die Gruppe die nur Entspannungstechniken übte. Die beiden Expositionsgruppen unterschieden sich kaum in ihrer Effektivität, was bedeutet, dass die Expositionen gemeinsam mit dem Therapeuten keinen zusätzlichen Effekt erbrachten. Auch hieraus ließe sich folgern, dass die Therapiezeit verkürzt werden könnte, wenn mehr Expositionsübungen als Hausaufgaben vergeben werden und somit der Großteil der zeitaufwendigen Expositionsübungen mit dem Therapeuten entfallen könnte.

2.3.3 Hausaufgabenadhärenz und Therapieerfolg

Eine Hausaufgabe zu vergeben bzw. mit dem Patienten die Durchführung zu vereinbaren, bedeutet noch nicht, dass der Patient diese Aufgabe auch tatsächlich ausführt (Breil, 2010). Es liegt jedoch nahe, dass Aufgaben ihren Nutzen nur dann erbringen können, wenn diese auch tatsächlich bearbeitet werden, was zum Teil die inkonsistenten Ergebnisse zum Einsatz von Hausaufgaben (Abschnitt 2.3.1) erklären könnte: Zwar konnten die Autoren kontrollieren, ob die Therapeuten in ihren Sitzungen Hausaufgaben empfehlen/vergeben, jedoch konnten sie nicht kontrollieren, ob diese Hausaufgaben tatsächlich gemacht wurden oder ob Patienten, die keine Hausaufgaben bekommen hatten, nicht trotzdem eigenständig Therapieinhalte zuhause geübt hatten (vgl. Kornblith et al., 1983). Viele Studien beschäftigen sich deshalb nicht nur mit einem experimentellen Vergleich von Therapien mit und Therapien ohne Hausaufgaben, sondern versuchen einen Zusammenhang herzustellen, zwischen der Adhärenz des Patienten und dem Therapieerfolg. Da die meisten Studien zur Adhärenz sich ebenfalls auf Depressionen oder Angststörungen konzentrieren, werden diese Bereiche im Folgenden getrennt betrachtet.

Detweiler-Bedell und Whisman (2005) analysierten Audioaufnahmen von Therapiesitzungen in frühen Therapiephasen (Sitzung 1-8) und konnten keinen Zusammenhang zwischen der Hausaufgabenadhärenz und dem Therapieergebnis bei 24 Depressionspatienten feststellen. Allerdings weisen die Autoren selbst darauf hin, dass dieses Ergebnis wahrscheinlich durch methodische Probleme entstanden ist (z.B. zu kleine Stichprobe, ungenaue Adhärenzerfassung). Addis und Jacobson (1996) untersuchten 98 Depressionspatienten und ließen die Hausaufgabenadhärenz sowohl durch den Patienten selbst, als auch durch den Therapeuten nach der zweiten Therapiestunde einschätzen, konnten jedoch keinen Einfluss auf das Therapieergebnis feststellen. In einer erneuten Analyse der Daten zusammen mit Daten aus zwei anderen Stichproben (N=150) konnte jedoch gezeigt werden, dass die Hausaufgabenadhärenz in frühen Therapiestunden (Therapeutenrating der 4-6 Sitzung) sowohl ein Prädiktor für frühe Symptomveränderungen (BDI nach Sitzung 4-6, r=.23, p<.01), als auch für das Therapieergebnis (BDI nach Therapieabschluss; r=.29, p<.05) war. Auch die Adhärenz der mittleren Therapiephase (Sitzung 10-12) war ein Prädiktor des Outcomes (Addis & Jacobson, 2000). Bei Persons, Burns und Perloff (1988) und Burns und Nolen-Hoeksema (1991, 1992) war die Adhärenz ebenfalls ein signifikanter Prädiktor des Therapie-Outcomes bei depressiven Patienten. Depressive Patienten, die ihre Hausaufgaben mindestens alle zwei Wochen erledigten, zeigten bei Persons et al. (1988) eine dreimal stärkere Verbesserung als Patienten, die ihre Hausaufgaben (fast) nie erledigten. Vor allem für Patienten die anfänglich einen hohen BDI-Wert hatten, schien die Erledigung von Hausaufgaben einen starken positiven Effekt zu haben. Dies bestätigte sich auch bei Coon und Thompson (2003) in der Therapie von älteren Patienten. Allerdings wurde sowohl bei Persons et al. (1988) als auch bei Burns und Nolen-Hoeksema (1991, 1992) die Adhärenzeinschätzung global und retrospektiv nach 12 Wochen Therapie durch den behandelnden Therapeuten eingeschätzt, was dazu geführt haben könnte, dass eine schon stattgefundene positive Veränderung der Symptomatik die Adhärenzeinschätzung beeinflusst hat (Startup & Edmonds, 1994, S. 569).

Um solche Effekte zu umgehen, betrachteten Fennell und Teasdale (1987) die Adhärenz nur zu einem frühen Zeitpunkt in der Therapie (Sitzung 1-2) und stellten fest, dass die Adhärenz zu Hausaufgaben in Kombination mit einer guten Akzeptanz des Therapierationals sowohl einen Einfluss auf die Veränderung der Symptome von Sitzung zu Sitzung hatte, als auch auf die Langzeitreduktion der Depressionssymptomatik. Sie folgern daraus, dass eine frühe positive Reaktion auf Hausaufgaben mit einem besseren Therapieergebnis in Verbindung steht. Dies bestätigen auch Startup und Edmonds (1994), die ebenfalls nachweisen konnten, dass die Adhärenz bei depressiven Patienten in den ersten beiden Therapiestunden ein Prädiktor für das

Therapie-Outcome war und 13% der Varianz der depressiven Symptomatik am Ende der Therapie aufklärte. Der zusätzliche Beitrag der späten Hausaufgabenadhärenz (3%) war nicht signifikant. Allerdings zeigte sich auch für die frühe Adhärenz kein Zusammenhang mehr zu den Follow-Up-Werten nach drei Monaten. Dies steht in Kontrast zu Cowan et al. (2008) bei denen die Anzahl der erledigten Hausaufgaben von depressiven Patienten (N=641) der einzige konstante Prädiktor für die Follow-Up-Werte nach sechs Monaten war, sowohl in der Selbst- als auch in der Fremdeinschätzung der Symptomatik.

Da die bisher zur Hausaufgabenadhärenz bei depressiven Patienten beschriebenen Studien nur korrelativen Charakter haben, kann allerdings nicht per se darauf geschlossen werden, dass die Hausaufgabenadhärenz einen kausalen Einfluss auf das Therapieergebnis hat. Burns und Spangler (2000) konnten durch die Verwendung von Strukturgleichungsmodellen jedoch erste Hinweise darauf finden, dass die Hausaufgabenadhärenz einen großen kausalen Effekt auf das Therapieoutcome bei depressiven Patienten hat (N=521), auch wenn die entsprechenden Korrelationen eher im mittleren Bereich liegen.

Angst- und Zwangsstörungen

Wesentlich uneinheitlichere Ergebnisse zeigen sich bei Studien zur Hausaufgabenadhärenz bei Angststörungen (Woods, Chambless & Steketee, 2002). In einer Follow-Up Untersuchung der von Al-Kubaisy et al. (1992) durchgeführten Studie an phobischen Patienten (s. Abschnitt 2.3.1) konnten Park et al. (2001) zeigen, dass die Patienten die in der Originalstudie als adhärent eingestuft wurden (mehr als 85% der Hausaufgaben durchgeführt), auch zwei Jahre später noch signifikant größere Verbesserungen im Angst- und Vermeidungsverhalten zeigten, als diejenigen, die weniger als 50% ihrer Hausaufgaben erledigt hatten. Edelman und Chambless (1993) konnten in einer Untersuchung von 28 agoraphobischen Patienten nur auf zwei Messinstrumenten einen Einfluss der Hausaufgabenadhärenz finden: Adhärente Patienten hatten nach Ende der Therapie eine signifikant stärkere Reduktion im Bereich *fear of fear* und zeigten weniger Vermeidungsverhalten. Auch in einer weiterführenden Studie an 52 Patienten mit sozialer Phobie konnte lediglich ein Effekt der Adhärenz auf die Angst beim Sprechen im 6-Monats-Follow-Up entdeckt werden. Auf allen anderen Outcomemaßen zeigte sich kein signifikanter Effekt (Edelman & Chambless, 1995). In der Untersuchung einer 12-wöchigen Therapie für soziale Phobie zeigten sich ebenfalls uneinheitliche Ergebnisse (Leung & Heimberg, 1996): Die Hausaufgabenadhärenz von 91 Patienten wurde nach jeder Sitzung durch den Therapeuten eingeschätzt (Homework Comliance Scale (HCS); Primakoff et al., 1986) und ein Durchschnittswert über alle Sitzungen gebildet. Die durchschnittliche Adhärenz über alle Sitzungen stand in keinem Zusammenhang zum Therapieoutcome. In einer genaueren Analyse wurde die Hausaufgabenadhärenz in drei Phasen unterteilt: Die frühe Phase umfasste die Adhärenz für die erste und zweite Woche der Therapie, die mittlere Phase bestand aus Woche 3-7 und die späte Phase aus Woche 8-12. Die frühe Adhärenz hatte einen tendenziellen, wenn auch nicht signifikanten Einfluss auf das Therapieergebnis, während die Adhärenz der mittleren Phase interessanterweise sogar mit einem Anstieg der Angst vor Kritik und negativen Bewertungen verbunden war. Lediglich die späte Adhärenz war erwartungsgemäß mit einem positiven Therapieoutcome auf einem von drei Maßen (Angst vor sozialen Interaktionen) assoziiert. Bei Woody und Adessky (2002) zeigte sich kein Zusammenhang zwischen der Adhärenz und dem Outcome bei sozialer Phobie und auch Hughes und Kendall (2007) konnten in der Therapie von Kindern mit verschiedenen Angststörungen (Alter 9-13; N=132) keinen Zusammenhang zwischen der durchschnittlichen Hausaufgabenadhärenz und dem Therapieergebnis finden.

De Araujo, Ito und Marks (1996) untersuchten den Zusammenhang zwischen einer frühen Adhärenz zu Hausaufgaben (Sitzung 1) und dem Therapieoutcome bei Patienten mit Zwangsstörungen (N=41) und stellten fest, dass die Hausaufgabenadhärenz in Woche 1 ein signifikanter Prädiktor für das Therapieoutcome auf zwei von drei Outcomemaßen war. Auch bei Abramowitz, Franklin, Zoellner und DiBernardo (2002) war die durchschnittliche Hausaufgabenadhärenz bei Zwangsstörungspatienten (N=28) mit einer Verbesserung der Symptomatik am Ende der Therapie assoziiert (r=-.61, p<.01) und Patienten die am Ende der Therapie eine klinisch signifikante Verbesserung erfahren hatten (n=18), hatten auch signifikant mehr Hausaufgaben gemacht, als Patienten bei denen die Verbesserung nicht klinisch signifikant war. Diese Befunde konnten von Woods et al. (2002) nicht repliziert werden: Weder bei Patienten mit Zwangsstörungen (n=47) noch bei Patienten mit Agoraphobie und Panikstörung (n=35) zeigte sich ein Zusammenhang zwischen der Quantität der Hausaufgabenadhärenz zu Expositionsaufgaben und dem Therapieoutcome. Die Qualität der Expositionen, gemessen über die subjektive Abnahme der Angst zwischen dem Beginn und dem Ende der Expositionsübung, zeigte sogar eine signifikant negative Korrelation mit der Symptomveränderung: Je höher die Qualität der erledigten Hausaufgaben war, desto kleiner war die Symptomveränderung am Ende der Therapie. Auch wenn diese Korrelation verhältnismäßig klein war (r=.-24, p=.029), ist dieses Ergebnis dennoch überraschend. Die Autoren führen dies zum Teil darauf zurück, dass sie die Adhärenz nur durch den Patienten selbst einschätzen ließen und ihre Operationalisierung der Hausaufgabenqualität eventuell nicht geeignet war. In einer früheren Studie von Hoelscher, Lichstein und Rosenthal (1984) hatte sich ebenfalls gezeigt, dass die Selbsteinschätzung des Patienten nicht mit dem Therapieoutcome korrelierte, eine objektive Einschätzung der Adhärenz jedoch schon: 21 Patienten mit einer generalisierten Angststörung sollten als Hausaufgabe einmal täglich eine Entspannungsübung durchführen und protokollieren. Zusätzlich war in den zur Verfügung gestellten Kassettengeräten eine Stoppuhr installiert, um die tatsächliche Abspielzeit des Gerätes zu dokumentierte. Es stellte sich heraus, dass laut Selbstreport 70% der Patienten adhärent waren, laut objektiver Einschätzung (tatsächliche Abspielzeit) jedoch nur 25%. Im Nachhinein gaben 60% der Patienten zu, dass sie die Zeiten absichtlich falsch protokolliert hatten, um Konflikte mit dem Therapeuten zu vermeiden. Folglich ist es bei der Selbsteinschätzung der Adhärenz durch den Patienten fraglich, ob die berichteten Bemühungen tatsächlich den realen Gegebenheiten entsprechen.

Im Gegensatz zu Woods et al. (2002) konnten Westra, Dozois und Marcus (2007) auch mit der Selbsteinschätzung der Adhärenz durch den Patienten signifikante Ergebnisse finden: In einer Gruppentherapie für Angststörungen zeigte sich, dass eine höhere Hausaufgabenadhärenz in der zweiten Therapiestunde mit einem signifikant besseren Therapieergebnis für Patienten mit generalisierter Angststörung und Panikstörung (mit und ohne Agoraphobie) einherging. Dieser Zusammenhang zeigte sich allerdings nicht in der Behandlung von sozialer Phobie. Insgesamt folgern die Autoren, dass gerade eine frühe Hausaufgabenadhärenz in den ersten Therapiestunden einen starken Einfluss auf das Therapieergebnis hat. Dem stimmen auch Laguna, Hope und Herbert (1994, zitiert nach Westra et al., 2007) zu, die feststellen, dass die Hausaufgabenadhärenz der Anfangs- und der mittleren Phase der Therapie von sozialer Phobie mit einem besseren Outcome in Verbindung steht, die späte Adhärenz jedoch kaum einen Einfluss hat.

Wie die vorangegangenen Ausführungen zeigen, besteht nach den Ergebnissen der Studien noch kaum Einigkeit darüber, ob die Hausaufgabenadhärenz tatsächlich in allen Therapien einen Einfluss auf das Therapieergebnis hat, wobei auffällt, dass die Befunde zur Depressionsbehandlung ein einheitlicheres Bild ergeben, als diejenigen zur Therapie der verschiedenen Angststörungen.

2.3.4 Methodische Limitationen der Hausaufgabenstudien

Aufgrund der Inkonsistenz der beschriebenen Befunde, könnte man zu dem Schluss kommen, dass weitere gleichartige Studien nötig seien, um die bestehenden Unklarheiten zu beseitigen. Kazantzis (2000) sieht das Problem jedoch nicht in der zu kleinen Anzahl an experimentellen Studien zum Thema Hausaufgaben, sondern in der statistischen Power dieser Studien. Der Begriff *statistische Power* bezieht sich dabei auf die Wahrscheinlichkeit mit der eine Studie einen vorhandenen Effekt aufzudecken vermag. In einer Überprüfung von 27 Studien aus dem Zeitraum 1980-1998 stellte er fest, dass die statistische Power der Studien durchweg niedrig war: Im Durchschnitt hatten die Studien nur eine 58%ige Wahrscheinlichkeit einen großen Effekt aufzudecken (basierend auf Cohen's Einteilung von Effektgrößen) und eine noch kleinere Wahrscheinlichkeit einen mittleren (32%) oder einen kleinen Effekt (9%) aufzudecken. Dies ist vor allem darauf zurück zu führen, dass die Stichprobengröße der meisten Studien unzureichend war.

Auch die eingeschränkte Vergleichbarkeit der Studien untereinander kann zu der Inkonsistenz der Resultate beigetragen haben: Bei der Interpretation der Ergebnisse und der Einschätzung der Vergleichbarkeit der Studien ist zu berücksichtigen, dass zum Teil sehr unterschiedliche Messinstrumente für die Operationalisierung des Therapieerfolgs verwendet werden (Fehm & Helbig-Lang, 2009). Hierbei kann zwischen störungsübergreifenden und störungsspezifischen Maßen, Selbsteinschätzung und Fremdeinschätzung, sowie Veränderungsmaßen und retrospektiven Erfolgsbeurteilungen unterschieden werden (Breil, 2010). Außerdem unterscheiden sich die Studien in der Anzahl der Instrumente die zur Erfolgseinschätzung herangezogen wurden. Problematisch ist hier vor allem die unterschiedliche Veränderungssensitivität der Messinstrumente. Dies zeigt sich beispielsweise in Studien, die nur auf einigen ihrer Messinstrumente positive Hausaufgabeneffekte nachweisen konnten, auf anderen jedoch nicht (z.B. De Araujo et al., 1996; Leung & Heimberg, 1996; Neimeyer & Feixas, 1990; vgl. auch Abschnitt 2.3.1 & 2.3.3).

Ein weiteres Problem besteht darin, dass es keine standardisierten Messinstrumente gibt, mit denen die Hausaufgabenadhärenz erfasst werden kann. Kazantzis, Deane und Ronan (2004) zeigen in einem Überblick über 32 Studien, dass lediglich vier Studien dasselbe Maß zur Erfassung der Adhärenz verwenden. Unterschiede können dabei im Auflösungsgrad (allgemeine Beurteilung über alle Patienten vs. Beurteilung einzelner Patienten), im Messzeitpunkt (therapiebegleitend vs. retrospektiv), in der Informationsquelle (Patient, Therapeut, unabhängige Rater) oder in der Differenziertheit der Erfassung (dichotom vs. Ratingskalen; Einzelitems vs. Fragebogen) auftreten (Fehm & Helbig, 2008). Außerdem können inhaltliche Unterschiede bestehen, je nachdem ob die Quantität oder die Qualität erledigter Hausaufgaben erfragt wird. Vor allem retrospektive Erfassungen der Adhärenz durch den Therapeuten oder den Patienten sind problematisch, da das bereits bekannte Therapieergebnis die Einschätzung der Adhärenz beeinflussen kann (Startup & Edmonds, 1994; vgl. Abschnitt 2.3.3 & 2.3.5).

Nicht nur die Vergleichbarkeit der Studien untereinander, sondern auch die Generalisierbarkeit der Ergebnisse auf die therapeutische Praxis erscheint fraglich. Zum einen werden in der Mehrzahl der veröffentlichten Studien Therapien nach standardisierten Behandlungsmanualen durchgeführt, zum anderen arbeiten die meisten Studien mit homogenen Stichproben, die nach strengen Kriterien ausgewählt werden (Coon & Thompson, 2003; Persons et al., 1988). Da in der klinischen Praxis komorbide Erkrankungen häufig vorkommen und Problembereiche vielfältig sein können, ist es fraglich, inwieweit die Ergebnisse der Hausaufgabenstudien überhaupt generalisierbar sind (Persons et al., 1988).

Abschließend bleibt anzumerken, dass die Mehrheit der Studien zur Wirksamkeit von Hausaufgaben kognitiv-behaviorale Therapien zur Behandlung von Depressionen oder Angststörungen untersuchen und dass die empirische Datenbasis für andere psychische Störungen sehr gering ist (Breil, 2010; Kelly, Deane, Kazantzis & Crowe, 2007). So fehlen zum Beispiel Studien zu Hausaufgabeneffekten bei posttraumatischer Belastungsstörung oder generalisierter Angststörung (Huppert, Roth Ledley & Foa, 2006) und es gibt nur wenige Studien zu der Bedeutung von Hausaufgaben bei Abhängigkeitsstörungen (Carroll, Nich & Ball, 2005; Gonzales, Schmitz & DeLaune, 2006). In die im Folgenden noch näher beschriebene Metaanalyse von Kazantzis et al. (2000; s. Abschnitt 2.3.5) gingen beispielsweise zehn Studien über Depressionen und neun Studien über Angststörungen ein und nur acht Studien zu anderen Störungen. Zudem weisen diese Studien meist methodische Mängel, wie etwa zu kleine Stichprobenumfänge, auf: Dunn, Morrison und Bentall (2002) untersuchten beispielsweise die Hausaufgabenadhärenz bei lediglich zehn psychotischen Patienten.

2.3.5 Der Einsatz von Metaanalysen

Um die methodischen Einschränkungen der existierenden Studien zu umgehen und den Forschungsbereich zu systematisieren, führten Kazantzis et al. (2000) eine Metaanalyse durch, in die veröffentlichte Studien aus den Jahren 1980-1998 eingingen, die sich entweder mit den Effekten von Hausaufgaben oder mit dem Zusammenhang zwischen der Hausaufgabenadhärenz und dem Therapieoutcome bei kognitiven und behavioralen Therapien beschäftigten.

In die Berechnung der Effektstärke bezüglich des Zusammenhangs zwischen dem Einsatz von Hausaufgaben und dem Therapieergebnis gingen 11 Studien ein ($N=375$). Den Ergebnissen der Metaanalyse zufolge hängt die Vergabe von Hausaufgaben positiv mit dem Therapieerfolg zusammen ($r=.36$). Diese Effektstärke drückt aus, dass von einer Therapie die Hausaufgaben beinhaltet 68% der Patienten profitieren würden, im Gegensatz zu nur 32% in einer vergleichbaren Therapie ohne Hausaufgaben (Kazantzis & Lampropoulos, 2002). Zehn Jahre später konnten die von Kazantzis et al. (2000) vorgelegten Ergebnisse in einer zweiten Metaanalyse mit Studien aus den Jahren 1980-2007 repliziert werden (Kazantzis et al., 2010).

Kazantzis et al. (2000) untersuchten auch den Zusammenhang zwischen der Hausaufgabenadhärenz und dem Therapieergebnis und stellten fest, dass die Adhärenz mit $r=.22$ ebenfalls ein signifikanter Prädiktor des Therapieergebnisses ist ($N=1\,327$). Dieses Ergebnis kann dahingehend interpretiert werden, dass 61% der Patienten die ihre Hausaufgaben erledigen von der Therapie profitieren, aber nur 39% derjenigen die weniger adhärent sind (Lambert, Harmon & Slade, 2007).

Interessanterweise fällt der Zusammenhang zwischen der Adhärenz und dem Therapieergebnis geringer aus, als der Zusammenhang zwischen dem Hausaufgabeneinsatz und dem Therapieergebnis. Dies könnte laut Fehm und Helbig (2008) ein Hinweis darauf sein, dass ein beträchtlicher Anteil der Hausaufgabeneffekte möglicherweise durch die unter Abschnitt 2.2.4 behandelten unspezifischen Wirkmechanismen bestimmt wird. Somit könnte es wichtiger sein sich in der Zeit zwischen den Sitzungen überhaupt mit den Therapieinhalten zu beschäftigen, als tatsächlich konkret vorgegebene Aufgaben zu erfüllen. Allerdings gehen die Überlegungen zu diesem Thema bisher nicht über Spekulationen hinaus (Fehm & Helbig, 2008).

In den oben beschriebenen Metaanalysen wurde ebenfalls nach Moderatorvariablen gesucht, die einen Einfluss auf die gefundenen Zusammenhänge haben könnten. So zeigte sich in der ersten Metaanalyse (Kazantzis et al., 2000) unter anderem ein Moderatoreffekt der Diagnose: Bei depressiven Patienten scheint der Einsatz von Hausaufgaben einen positiveren Einfluss auf das Therapieergebnis zu haben, als bei Patienten mit Angststörungen ($r=.38$ vs. $r=.27$). Wenn Hausaufgaben tatsächlich bei einigen Problembereichen effektiver sind als bei anderen, könnte dies ebenfalls zur Erklärung der heterogenen Befunde der Wirksamkeitsforschung beitragen (Fehm & Helbig, 2006; vgl. Abschnitt 2.3.1 & 2.3.3).

Auch der Zeitpunkt der Adhärenzeinschätzung erwies sich in einigen Analysen als Moderator der Ergebnisse: Die Effektstärke bei retrospektiven Einschätzungen der Adhärenz ($r=.57$) war fast doppelt so groß wie die Effektstärke von Studien, die die Adhärenz in regelmäßigen Abständen während der Therapie bewerteten ($r=.24$; Kazantzis et al., 2000). Ein ähnlicher Effekt zeigte sich auch in der Metaanalyse von Mausbach et al. (2010), die den Zusammenhang zwischen der Adhärenz und dem Therapieoutcome anhand von 23 Studien aus den Jahren 2000-2008 untersuchten: Bei retrospektiven Einschätzungen der Adhärenz war die Effektstärke signifikant höher, als bei therapiebegleitenden Bewertungen ($r=.36$ vs. $r=.19$). Kazantzis et al. (2000) sehen dies als Hinweis darauf, dass retrospektive Einschätzungen kritisch betrachtet werden sollten, da die Beurteilung der Adhärenz durch das bereits bekannte Therapieergebnis beeinflusst werden kann. Sie raten deshalb dazu in zukünftigen Studien die Adhärenz immer therapiebegleitend zu mehreren Zeitpunkten einschätzen zu lassen (vgl. auch Mausbach et al., 2010; s. Abschnitt 2.3.4).

In der beschriebenen Metaanalyse von Kazantzis et al. (2000) lagen die Effektstärken für die heterogene Restkategorie anderer Störungen bei $r=.4$ für die Vergabe von Hausaufgaben und $r=.17$ für die Adhärenz, was darauf hinweisen könnte, dass Hausaufgaben auch bei anderen Störungen als Depressionen und Angststörungen zur Wirksamkeit der Therapie beitragen. Allerdings weisen die Autoren darauf hin, dass diese Ergebnisse aufgrund methodischer Mängel mit Vorsicht interpretiert werden müssen und wahrscheinlich nicht die beste Schätzung der Effektgrößen für andere Störungen darstellen.

Auch wenn die Ergebnisse der Metaanalyse einen positiven Einfluss von Hausaufgaben auf das Therapieergebnis zeigen, sollten die Ergebnisse dennoch kritisch bewertet werden, da auch die Metaanalysen nicht frei von methodischen Problemen sind: Lambert et al. (2007) kritisieren vor allem die Inklusion einiger Studien, die aufgrund des Studiendesigns ungeeignet zur Evaluation von Hausaufgabeneffekten scheinen. Außerdem bemängeln sie die Transparenz bezüglich der für die Metaanalyse verwendeten Effektgrößen. Die mangelnde Kenntnis über das genaue Vorgehen der jeweiligen Autoren erschwert somit die Interpretation der Ergebnisse. Außerdem ist auch hier zu bedenken, dass es sich bei den für die Metaanalyse untersuchten Studien fast ausschließlich um experimentelle oder quasi-experimentelle Studien mit hochselektierten Stichproben handelt und somit auch für diese Ergebnisse Unklarheiten bezüglich der Generalisierbarkeit auf die therapeutische Praxis bestehen (Fehm & Fehm-Wolfsdorf, 2001; vgl. Anschnitt 2.4.4).

Insgesamt konnte durch den Einsatz von Metaanalysen empirisch gezeigt werden, dass Therapien mit Hausaufgaben bessere Ergebnisse erzielen als vergleichbare Therapien ohne Hausaufgaben und dass Patienten die Hausaufgaben nicht wie vereinbart erledigen, einen geringeren Behandlungserfolg auf der Symptomebene zu erwarten haben, als Patienten mit einer guten Hausaufgabenadhärenz (Fehm & Helbig, 2008; Scheel, Hanson & Razzhavaikina, 2004). Das Ausmaß der Generalisierbarkeit der gefundenen Ergebnisse auf die therapeutische Praxis bleibt jedoch unklar und Wirksamkeitsstudien in naturalistischen Settings fehlen bislang (Fehm & Fehm-Wolfsdorf, 2001).

2.4 Der Einsatz von Hausaufgaben in der klinischen Praxis

Nachdem in den vorangegangenen Kapiteln erläutert wurde welchen theoretischen Nutzen Hausaufgaben in der Therapie erbringen können und welche empirischen Befunde bisher zur Wirksamkeit von Hausaufgaben existieren, wird im Folgenden näher darauf eingegangen inwieweit Hausaufgaben in der klinischen Praxis, also außerhalb kontrollierter Therapiestudien, genutzt werden. Dies erscheint sinnvoll, da viele Autoren feststellen, dass der Transfer von Forschungsergebnissen in die therapeutische Praxis oft mangelhaft ist und Praktiker nur in geringem Maße Ergebnisse aus der Therapieforschung in ihrer Arbeit berücksichtigen (z.B. Breil, 2010; Morrow-Bradley & Elliot, 1986; Schmelzer, 1997). Die Erforschung der Nutzung von Hausaufgaben in naturalistischen Settings ermöglicht somit einen explorativen Einblick in den Austausch von Wissenschaft und Praxis (Breil, 2010).

2.4.1 In welchen Bereichen werden Hausaufgaben in der Praxis eingesetzt?

Studien zur Wirksamkeit und auch zum Einsatz von Hausaufgaben in der klinischen Praxis konzentrieren sich meist auf kognitiv-verhaltenstherapeutische Maßnahmen. Sowohl in der Verhaltenstherapie, bei der der Therapieprozess explizit durch das Lernen bzw. Verlernen von Verhaltensweisen bestimmt wird, als auch in kognitiven Ansätzen, bei denen es vor allem um die Umsetzung kognitiver Einsichten in Emotions- und Verhaltensänderungen geht, liegt für die Anwendung von Hausaufgaben ein theoretischer Rahmen vor und ihnen wird eine große Bedeutung für den Therapieerfolg zugeschrieben (Borgart & Kemmler, 1989; Kazantzis, Mac Ewan & Dattilio, 2005; vgl. auch Abschnitt 2.1). Goisman (1985, S.676) beschrieb Hausaufgaben sogar als „the most generic of behavioral interventions, and one that greatly and immediately distinguishes behavior therapy from psychoanalysis". Für diese Auffassung spricht, dass bei Vergleichen zwischen verschiedenen Therapieschulen (hauptsächlich kognitiv-verhaltenstherapeutisch vs. psychodynamisch) Hausaufgaben signifikant häufiger in kognitiven und verhaltenstherapeutisch ausgerichteten Therapien genutzt werden (s. Abschnitt 2.4.2). Jedoch ist der Einsatz von Hausaufgaben keineswegs auf diese Therapieformen beschränkt, was Kazantzis und Ronan (2006) dazu veranlasst Hausaufgaben als einen „common factor" der Psychotherapie zu bezeichnen. Common factor steht dabei für einen Aspekt der in den meisten, wenn nicht allen, Therapieansätzen vorkommt.

Mittlerweile existieren in der Literatur zahlreiche Vorschläge, wie Hausaufgaben in ein breites Spektrum von Therapieansätzen integriert werden können (vgl. z.B. Dattilio, 2002; De Shazer, 1997; Ellison & Greenberg, 2007; Stricker, 2007; Witty, 2007; Young & Mufson, 2007). Obwohl die meisten empirischen Hausaufgabenstudien an Stichproben mit erwachsenen Klienten im einzeltherapeutischen Setting durchgeführt wurden, existieren auch Empfehlungen zum Einsatz von Hausaufgaben in anderen Klientenpopulationen, wie zum Beispiel in der Paartherapie (Dattilio, 2005; Epstein & Baucom, 2007), in der Arbeit mit Familien (Dattilio L'Abate & Deane, 2005; Newcomb Rekart & Lebow, 2007), Kindern (Hudson & Kendall, 2002, 2005), Jugendlichen (Friedberg & McClure, 2005) und älteren Patienten (Coon, Rabinowitz, Thompson & Gallagher-Thompson, 2005; DeVries, 2007).

Ein weiterer Hinweis für die Bedeutsamkeit von Hausaufgaben ist ihre Integration in zahlreiche verhaltenstherapeutische Therapiemanuale unter anderem für Panikstörung und Agoraphobie (Margraf & Schneider, 1990), soziale Phobie (Stangier, Heidenreich & Peitz, 2003), Depression (Hautzinger, 2003), Bulimie (Waadt, Laessle & Pirke, 1992), posttraumatische Belastungsstörung (Ehlers, 1999), chronische Schmerzen (Basler & Kröner-Herwig, 1998) und viele mehr. Gingen beispielsweise Shelton und Ackerman (1978) noch davon aus, dass Hausaufgaben für bestimmte Patienten kontraindiziert seien (z.B. bei Psychosen, Schizophrenie oder Persönlichkeitsstörungen), wird heute die Notwendigkeit betont die Aufgaben an die Besonderheiten der Patienten anzupassen (z.B. Fehm & Helbig, 2006). Es existieren mittlerweile für viele früher als problematisch betrachtete Störungsbereiche Modifikationen im Hausaufgabeneinsatz, die den Besonderheiten der jeweiligen Symptomatik Rechnung tragen, zum Beispiel für Schizophrenie (Deane et al., 2005; Glaser, Kazantzis, Deane & Oades, 2000), psychotische Störungen (Dunn & Morrison, 2007), Persönlichkeitsstörungen (Freeman & Rosenfield, 2002) oder generalisierte Angststörungen (Leahy, 2002).

2.4.2 Die Einstellung zu und der Einsatz von Hausaufgaben in der klinischen Praxis

In der alle zehn Jahre durchgeführten Delphi-Experten-Befragung zur Zukunft der (US-amerikanischen) Psychotherapie wurden 62 führende Wissenschaftler und Therapeuten unterschiedlicher Therapierichtungen befragt, wie sich die Bedeutung verschiedener therapeutischer Techniken ihrer Meinung nach in den nächsten zehn Jahren entwickeln wird (Norcross, Hedges & Prochaska, 2002). Psychotherapeutische Hausaufgaben wurden hierbei als die Technik mit dem größten Entwicklungspotential beurteilt. Die Einstellung von Praktikern gegenüber einer Interventionsmethode hat natürlich einen Einfluss darauf, wie häufig sie diese in ihrer Therapie anwenden werden (Fehm & Kazantzis, 2004). Eine Befragung, die sich unter anderem mit den Einstellungen von Therapeuten im Bezug auf Hausaufgaben bei verschiedenen Störungen beschäftigt, wurde von Kazantzis und Deane (1999) an einem Sample von 221 neuseeländischen Psychologen verschiedener Therapieschulen durchgeführt. Dabei stellte sich heraus, dass mindestens 80% der Befragten Hausaufgaben als sehr wichtig in der Behandlung von Angststörungen und sozialen Defiziten bzw. Selbstunsicherheit einstufen. Immerhin 65% stimmten dem auch bei Depressionen, Essstörungen, Schlafstörungen, Zwangsstörungen und sexuellen Dysfunktionen zu. Allerdings urteilten etwa 50% der Therapeuten, dass Hausaufgaben bei Halluzinationen, Lernstörungen und sexuellem Missbrauch eher weniger wichtig sind. Zu ähnlichen Ergebnissen kommen auch Kazantzis und Dattilio (2010) in einem nordamerikanischen Sample ($N=827$): Hausaufgaben wurden u.a. bei Angststörungen, Depressionen, Schlafstörungen, Essstörungen, Substanzabhängigkeit und Beziehungsproblemen als wichtiger eingestuft, als zum Beispiel in der Therapie von Schizophrenie, Entwicklungsstörungen oder psychotischen Störungen.

Obwohl in theoretischen Formulierungen die Rolle von Hausaufgaben immer wieder betont wird, stellten Kazantzis und Deane noch 1999 fest, dass es kaum Studien darüber gibt, wie häufig Hausaufgaben in der klinischen Praxis tatsächlich genutzt werden, wie diese in die Therapie integriert werden oder welche Arten von Hausaufgaben vereinbart werden. In ihrer

Studie geben 98% der Therapeuten an Hausaufgaben in ihren Therapien zu verwenden und zwar in durchschnittlich 57% der Sitzungen, wobei ein Vergleich zwischen den Therapieschulen zeigte, dass kognitiv-behavioral arbeitende Therapeuten Hausaufgaben signifikant häufiger nutzen als Psychologen anderer Therapierichtungen (66% vs. 48% der Sitzungen). Zu ähnlichen Ergebnissen kommen auch Studien im deutschsprachigen Raum: 83,3% der Verhaltensthera-peuten gaben an Hausaufgaben für mindestens 75% ihrer Patienten zu nutzen, wohingegen Psychoanalytiker dies nur für 17.1% der Patienten angaben. Hausaufgaben wurden dabei von 65,3% der Verhaltenstherapeuten in jeder oder jeder zweiten Sitzung genutzt, während Psy-choanalytiker dies nur für 9,1% ihrer Sitzungen bejahen (z.B. Fehm & Kazantzis, 2004).

Überraschenderweise geben nur knapp 50% der Verhaltenstherapeuten bei Fehm und Kazantzis (2004) an, Hausaufgaben bei jedem Patienten zu nutzen und nur 16.9% nutzen sie in jeder Sitzung. Diese Ergebnisse verwundern, bedenkt man, dass in der wissenschaftlichen Lite-ratur immer wieder betont wird, dass Hausaufgaben vor allem in kognitiv-verhaltenstherapeutisch ausgerichteten Therapien als zentrales Element des Therapieprozes-ses angesehen werden sollten (z.B. Freeman & Rosenfield, 2002; Garland & Scott, 2002). Thase und Callan (2006) gehen sogar so weit zu sagen, dass Therapeuten die nicht in jeder Therapie-stunde Hausaufgaben vergeben und nachbesprechen, überdenken sollten, ob sie sich selbst als kognitive Verhaltenstherapeuten bezeichnen dürfen.

Problematisch bei der Interpretation der angegebenen Häufigkeiten ist jedoch, dass sich fast alle Studien ausschließlich auf das retrospektive Selbsturteil des Therapeuten verlas-sen und somit nicht den tatsächlichen Einsatz von Hausaufgaben erfassen, sondern eher einen geschätzten Durchschnittswert (Kazantzis et al., 2007). Es existieren nur wenige Studien die diese Problematik zu umgehen versuchen: Breil (2010) entwickelte Fragebögen für Therapeu-ten und Patienten, die jeweils vor und nach jeder Therapiesitzung ausgefüllt werden mussten und somit den tatsächlichen Einsatz von Hausaufgaben in den Therapiesitzungen erfassen konnten. Es gingen Daten von 303 Patienten einer kognitiv-verhaltenstherapeutisch ausgerich-teten Forschungs- und Ausbildungsambulanz in die Untersuchung ein. Auch hier wurden nur in etwa der Hälfte aller Therapiesitzungen Hausaufgaben vergeben (53.5% Patientenurteil, 41.2% Therapeutenurteil; N=2937), wobei auffällt, dass Patienten signifikant häufiger angeben Hausaufgaben vereinbart zu haben als ihre Therapeuten.

Nicht nur die Häufigkeit mit der Hausaufgaben allgemein vereinbart werden, sondern auch die Anzahl und die Art der Hausaufgaben pro Therapiesitzung wurden in einigen Studien untersucht. So werden bei Scheel, Seaman, Roach, Mullin und Blackwell-Mahoney (1999) in mehr als der Hälfte der von ihnen untersuchten Therapiesitzungen (N=109) mehrere Hausauf-gaben vereinbart. Bei Kazantzis, Lampropoulos und Deane (2005) gaben 77% der befragten

Therapeuten an (*N*=827), dass sie nur eine Hausaufgabe pro Therapiesitzung vereinbaren, während 20% meist zwei verschiedene Aufgaben vergeben. Auch bei Startup und Edmonds (1994) wurden bei 235 Sitzungen von 25 Patienten im Durchschnitt 1.81 Hausaufgaben (Range 1-4) pro Therapiestunde vereinbart. Bei Breil (2010) wurden Videoaufnahmen von 160 zufällig ausgewählten Sitzungen durch geschulte Rater beurteilt: In insgesamt 69% der Sitzungen wurden Hausaufgaben vergeben, wobei in 40.6% nur eine Hausaufgabe vereinbart wurde. In 28.4% wurden hingegen mehrere Hausaufgaben vergeben (20.5% zwei Hausaufgaben, 5% drei, 3.1% vier oder fünf).

Bezüglich der verschiedenen Arten von Hausaufgaben die in der Therapie zum Einsatz kommen, lassen sich auf Grund der Heterogenität der Aufgaben und dem Fehlen einer einheitlichen Systematik (vgl. Abschnitt 2.2.3) nur schwer vergleichbare Angaben finden: So gaben beispielsweise 86% der Therapeuten bei Fehm und Kazantzis (2004) an *Verhaltensexperimente* zu vereinbaren und 71% nutzten die Aufgabenkategorie *Anwendung neuer Fähigkeiten/Techniken* (beides eher behaviorale Hausaufgaben), während *Selbstbeobachtungsaufgaben* und *kognitive Umstrukturierung* (eher kognitive Aufgaben) jeweils von 75% der Therapeuten angewendet wurden. Während in dieser Studie wieder auf eine Globaleinschätzung des Therapeuten zurückgegriffen wurde (lediglich eine Angabe, ob diese Art von Hausaufgabe überhaupt genutzt wird) und kognitive sowie behaviorale Aufgaben annähernd gleich häufig genannt wurden, erhält man ein differenzierteres Bild, wenn man die Therapeuten nach Hausaufgaben in konkret vorgegebenen Sitzungen fragt: Helbig und Fehm (2004) befragten 77 Therapeuten nach den letzten zwei Patienten mit denen sie Hausaufgaben vereinbart hatten und kamen zu dem Ergebnis, dass knapp zwei Drittel der vereinbarten Aufgaben (62.4%) kognitive Aufgaben waren (z.B. Bibliotherapie, Fragebögen, Protokolle führen), wohingegen lediglich 37.6% als behaviorale Aufgaben klassifiziert wurden (z.B. Expositionen, positive Aktivitäten). Ähnliche Ergebnisse liefert auch die Videostudie von Breil (2010), bei der die am häufigsten vorkommenden Hausaufgaben in kognitive Kategorien fielen: „Aufschreiben von Gedanken", „Protokollieren" und „Nachdenken und Überlegen" (Urteil durch unabhängige Rater). Und auch bei direkten Patientenbefragungen ergibt sich, dass kognitive Hausaufgaben häufiger vorkommen (67.5%), als behaviorale Hausaufgaben (32.5%) (Fehm & Mrose, 2008). Allerdings blieb hier bei der Beurteilung die Anzahl der Hausaufgaben unberücksichtigt: Wenn ein Patient mehrere Hausaufgaben in einer Sitzung bekommen hatte, sollte er sich bei der Bewertung der Art nur auf eine der Aufgaben beziehen, was das Ergebnis verfälschen könnte.

2.4.3 Hausaufgabenadhärenz in der klinischen Praxis

Nicht nur der Einsatz von Hausaufgaben in der klinischen Praxis, sondern vor allem auch das Ausmaß in dem der Patient diese Hausaufgaben tatsächlich erledigt, ist für die Forschung von Interesse (vgl. Abschnitt 2.3.3). Deshalb beschäftigen sich einige Studien mit der Frage, wie hoch die Hausaufgabenadhärenz in der klinischen Praxis tatsächlich ist und welche Einflüsse auf die Adhärenz festgestellt werden können.

Probleme mit in der Therapie vergebenen Hausaufgaben sind eher die Regel als die Ausnahme (Breil, 2010; Kazantzis, Mac Ewan et al., 2005). Schon in einer Studie von Borgart und Kemmler (1988, zitiert nach Borgart & Kemmler, 1989) zeigte sich, dass nach Urteil der Therapeuten nur knapp ein Drittel der Patienten die Hausaufgaben genau so durchführen, wie sie vereinbart wurden und Breil (2010) zeigte, dass Therapeuten (N=148) die Wahrscheinlichkeit, dass ihre Patienten Hausaufgaben tatsächlich durführen schon im Vorfeld auf deutlich unter 80% schätzen. Bei Fehm und Kazantzis (2004) berichten 91% der befragten Therapeuten, dass sie Patienten haben, die ihre Hausaufgaben nicht wie vereinbart erledigen. Bei Kazantzis, Lampropoulos et al. (2005) wurde zusätzlich nach der Qualität der Hausaufgaben gefragt: Nur wenige Therapeuten beurteilten die durchschnittliche Qualität der Hausaufgaben als niedrig (10%), mehr als die Hälfte (65%) berichteten von mittelmäßiger Qualität und lediglich 25% der Therapeuten befanden die Qualität der Hausaufgaben als gut oder sehr gut.

Ähnlich wie bei den Studien zum Einsatz von Hausaufgaben in der Praxis (s. Abschnitt 2.4.2), findet sich auch bei der Erfassung der Adhärenz das Problem, dass die Informationen meist retrospektiv als Globalurteil erfragt werden. Dies ist problematisch, da zum einen von den Therapeuten verlangt wird einen ungefähren Durchschnittswert über alle ihre Patienten hinweg zu ermitteln. Zum anderen kann die retrospektive Einschätzung der Adhärenz durch das bereits bekannte Therapieergebnis beeinflusst werden, so dass im ungünstigsten Falle die Adhärenz nur ein „Artefakt des erfolgreichen Therapie-Outcomes ist" (Breil, 2010, S.151; vgl. auch Abschnitt 2.3.3). Studien die versuchen Adhärenzeinschätzungen detaillierter zu erheben, kommen allerdings zu recht ähnlichen Ergebnissen: Helbig und Fehm (2004) befragten 77 Therapeuten nach den letzten zwei Patienten mit denen sie eine Hausaufgabe vereinbart hatten und stellten fest, dass zwar nur wenige Patienten (11%) nicht einmal einen Versuch zur Durchführung unternahmen, aber dass auch nur in etwa 39% der Fälle Hausaufgaben vollständig erledigt wurden. In den meisten Fällen modifizierten bzw. reduzierten die Patienten entweder Umfang, Schwierigkeit oder Inhalt der Aufgabe. Fehm und Mrose (2008) befragten Therapeuten direkt im Anschluss an eine zu bewertende Therapiesitzung, und fanden heraus, dass 37.7% der 53 Patienten ihre zu dieser Sitzung vereinbarte Aufgabe vollständig erledigt hatten, während 9.4% keine Hausaufgabe gemacht hatten. Die restlichen Patienten reduzierten den Umfang oder modifizierten den Inhalt der Aufgabe.

Während in den vorangegangenen Ergebnissen die Hausaufgabenadhärenz zu einer bestimmten Hausaufgabe oder durchschnittlich über den Therapieverlauf hinweg betrachtet wurde, untersuchen andere Studien ebenfalls, ob sich die Adhärenz im Therapieverlauf verändert: Einige Studien finden keinen Zusammenhang zwischen der Therapiephase und der Hausaufgabenadhärenz (z.B. Fehm & Mrose, 2008), andere Studien kommen zu widersprüchlichen Ergebnissen: Worthington (1986) stellte in seiner Untersuchung an Klienten (N=62) in einem Beratungssetting fest, dass die Adhärenz in der ersten Stunde am besten war und dann im Verlauf abnahm. Dies könnte dadurch bedingt sein, dass die ersten Hausaufgaben in der Beratung hauptsächlich der Einschätzung der Problematik dienen und somit vor allem im Ausfüllen von Fragebögen und ähnlichem bestanden. Zum anderen wäre es auch möglich, dass Klienten in einem Beratungssetting keine Hausaufgaben erwartet hatten. Allerdings kamen auch Woody und Adessky (2002) in einer Studie zur Untersuchung von Gruppentherapien sozialer Phobie zu ähnlichen Ergebnissen (N=53). „In an unexpected finding, homework compliance declined steeply over the course of treatment"(S.20): Das Therapeutenrating der Adhärenz am Anfang der Therapie lag im Durchschnitt bei 4.64 (SD=0.74) auf der Homework Compliance Scale (Primakoff et al., 1986; 6-stufiges Rating von *1 - no homework attempted* bis *6 - completed more of the assigned homework than was requested*). Am Ende der Therapie war die durchschnittliche Adhärenz auf 4.25 (SD=1.22) gesunken.

Helbig und Fehm (2004) konnten bei einer Therapeutenbefragung im Bezug auf 149 Patienten mit unterschiedlichen psychischen Störungen einen genau gegenteiligen Effekt entdecken: Die Hausaufgabenadhärenz korrelierte signifikant positiv mit der Therapiephase (r=.31, p<.001), was bedeutet, dass die Adhärenz in frühen Therapiephasen wesentlich schlechter war, als in späteren Therapiesitzungen. Dies bestätigen auch Schmidt und Woolaway-Bickel (2000): Patienten mit Panikstörung (N=48) berichteten in den ersten zehn Wochen durchschnittlich 3-4 Stunden pro Woche mit der Durchführung von Hausaufgaben verbracht zu haben, während in Woche 11-12 die durchschnittlich aufgewandte Zeit auf 5-6 Stunden pro Woche ansteigt. Auch die Qualität der Hausaufgaben scheint hier über den Therapieverlauf hinweg anzusteigen: Das durchschnittliche Therapeutenrating der Qualität (6-stufiges Rating von *0 - poor* bis *5 - excellent*) lag im Mittel unter 3.0 in den Sitzungen 1-6 und über 3.0 in den Sitzungen 9-12.

Auch bei der Interpretation der Ergebnisse zur Hausaufgabenadhärenz in der klinischen Praxis muss darauf hingewiesen werden, dass durch die sehr uneinheitliche Adhärenzerfassung nur schwer vergleichbare Ergebnisse gewonnen werden können (s. auch Abschnitt 2.3.3). Ein Überblick über weitere Studien, die das Ausmaß der Hausaufgabenadhärenz bei sehr unterschiedlichen Patientenpopulationen untersucht haben, findet sich bei Fehm und Helbig (2008). Insgesamt ist erkennbar, dass eine komplette Nichterledigung von Hausaufgaben eher selten ist, dass aber in der Mehrzahl der Fälle Hausaufgaben durch den Patienten in ihrem Umfang reduziert oder in ihren Anforderungen modifiziert werden.

2.4.4 Mögliche Einflussfaktoren auf die Hausaufgabenadhärenz

Neben dem Einfluss der Therapiephase, der bereits unter Abschnitt 2.4.3 behandelt wurde, kann die Hausaufgabenadhärenz durch eine Vielzahl von Faktoren beeinflusst werden und in der psychotherapeutischen Literatur existieren viele Empfehlungen um die Hausaufgabenadhärenz zu steigern. Die Mehrzahl dieser Empfehlungen wurde jedoch nicht empirisch überprüft, sondern aus der therapeutischen Erfahrung der jeweiligen Autoren abgeleitet (Helbig & Fehm, 2005; Tompkins, 2002). Mögliche Einflüsse auf die Adhärenz lassen sich nach Detweiler und Whisman (1999) in Patienten-, Therapeuten- und Aufgabenmerkmale unterteilen. Auf Seiten des Patienten werden unter anderem Einflüsse des Alters, des Geschlechts, der Diagnose oder der Schwere der Ausgangssymptomatik diskutiert. Empfehlungen zur Aufgabenstellung betreffen beispielsweise den Schwierigkeitsgrad und die Komplexität der Aufgaben (Helbig & Fehm, 2005), während Therapeutenvariablen vor allem das Verhalten des Therapeuten bei der Vergabe der Hausaufgaben betreffen: Beispielsweise wird empfohlen die Hausaufgabe möglichst detailliert zu beschreiben, sie in der Stunde mit dem Patient zu üben, mit dem Patienten die Wahrscheinlichkeit der Erledigung zu diskutieren etc. (Helbig & Fehm, 2005).

Schon aus den genannten Beispielen wird ersichtlich, dass die möglichen Einflüsse auf die Adhärenz sehr vielfältig sein können. Da eine detaillierte Erläuterung aller diskutierten Einflussfaktoren an dieser Stelle zu umfangreich wäre, sollen im Folgenden nur einige Befunde dargestellt werden, die für die vorliegende Studie von Bedeutung sind. Eine Übersicht über die empirische Fundierung der am häufigsten diskutierten Empfehlungen zur Steigerung der Hausaufgabenadhärenz findet sich bei Helbig und Fehm (2005).

Schwere der Ausgangssymptomatik

In der Untersuchung des Einflusses von Patientencharakteristika auf die Adhärenz gibt es vor allem zur Schwere der Ausgangssymptomatik eine Reihe von Studien, die bislang jedoch allenfalls zu widersprüchlichen Ergebnissen gelangen (Helbig & Fehm, 2005). Theoretisch wäre es möglich, dass stärker beeinträchtigte Patienten ein größeres Bedürfnis haben ihre Situation zu verändern und dementsprechend motivierter sind Hausaufgaben in der Therapie zu erledigen (Scheel et al., 2004). Umgekehrt lässt sich jedoch ebenfalls argumentieren, dass die Schwere der Symptome einen negativen Einfluss auf die Hausaufgabenadhärenz haben könnte, da die empfundene Beeinträchtigung den Patienten daran hindert, die Energie oder den Willen für eine geforderte Tätigkeit aufzubringen (Bryant, Simons & Thase, 1999; Worthington, 1986).

Worthington (1986) stellte in einer Untersuchung von 61 Erwachsenen, die an einer Kurzzeitberatung teilnahmen, fest, dass die Schwere der anfänglichen Problematik als einzige Patientenvariable einen leichten, wenn auch nicht signifikanten, negativen Einfluss auf die Adhärenz hatte. In einer Untersuchung von Patienten mit Zwangsstörungen zeigte sich, dass die Adhärenz zu Hausaufgaben in der ersten Woche der Therapie größer war, wenn die anfängliche Schwere der Symptomatik (Clinical Global Impression - Severity (CGI-S); Guy, 1976) niedriger war (De Araujo et al., 1996). Bei Dunn et al. (2002) findet sich ein Hinweis darauf, dass schizophrene Patienten mit einer kürzeren Krankheitsgeschichte (Dauer: $M=6.7$ Jahre, Range 6-8), eine höhere Adhärenz aufweisen, als Patienten mit einer langen Krankheitsgeschichte ($M=11.5$, Range 8-15), wobei durch das qualitative Design der Untersuchung leider keine statistische Überprüfung auf Signifikanz der gefundenen Unterschiede durchgeführt wurde. Bryant et al. (1999) fanden lediglich einen negativen Einfluss der Anzahl vorhergehender depressiver Episoden auf die Adhärenz. Die Einschätzung des Schweregrads der Symptome (Eigen- und Fremdrating), korrelierte nicht signifikant mit der Hausaufgabenadhärenz. Die Korrelationen wiesen jedoch in Richtung eines positiven Zusammenhangs zwischen der Schwere und der Adhärenz, was bedeuten würde, dass schwerer beeinträchtigte Patienten mehr Hausaufgaben erledigen. Aufgrund der kleinen Stichprobe ($N=14$) und des nicht signifikanten Ergebnisses, lässt sich dieser Befund jedoch nur schwer interpretieren.

Fanden die genannten Studien zumindest in Ansätzen eine Bestätigung dafür, dass die Schwere der Symptomatik einen Einfluss auf die Hausaufgabenadhärenz hat, konnte dies in anderen Studien nicht bestätigt werden: Edelman und Chambless (1993) konnten zwar einen Einfluss der Symptomschwere auf die Mitarbeit von Agoraphobiepatienten innerhalb der Therapiestunden finden, jedoch nicht auf die Adhärenz bei Hausaufgaben. Auch in der Therapie von Patienten mit sozialer Phobie (Edelman & Chambless, 1995; Leung & Heimberg, 1996), Depressionen (Burns & Spangler, 2000; Startup & Edmonds, 1994) oder Zwangsstörungen (Abramowitz et al., 2002) war die Adhärenz nicht signifikant mit der Schwere der Ausgangssymptomatik korreliert. Bei Edelman und Chambless (1995) ergab sich lediglich ein signifikanter Zusammenhang: Patienten mit abhängigen Tendenzen engagierten sich mehr bei Hausaufgaben als weniger abhängige Patienten. Desweiteren hatte auch die Anzahl der Diagnosen bei Helbig und Fehm (2004) keinen Einfluss auf die Hausaufgabenadhärenz.

Diagnose

Wie schon unter Abschnitt 2.4.2 erwähnt, scheint die Verwendung von Hausaufgaben für manche Störungen nach Meinung von praktizierenden Therapeuten angebrachter zu sein, als für andere. Ein Grund hierfür könnte sein, dass die Adhärenz je nach vorhandener psychischer Beeinträchtigung unterschiedlich ist, die Diagnose also einen Einfluss auf die allgemeine Hausaufgabenadhärenz hat. Während vor allem bei Störungen, bei denen Hausaufgaben lange Zeit als kontraindiziert galten (z.B. psychotische Störungen, Schizophrenie) häufiger über Probleme mit der Hausaufgabenadhärenz berichtet wird (z.B. Deane et al., 2005; Kelly, Deane, Kazantzis, Crowe & Oades, 2006), gibt es nur wenige empirische Studien, die die Hausaufgabenadhärenz bei verschiedenen Störungsbereichen vergleichen (Scheel et al., 2004). In einer Praktikerbefragung von Kemmler, Borgart und Gärke (1992) berichten Therapeuten bei depressiven Patienten insgesamt von größeren Schwierigkeiten bezüglich der Hausaufgabenadhärenz, als bei Patienten mit Angststörungen, während Fehm und Mrose (2008) keinen Unterschied in der Hausaufgabenadhärenz bei Patienten mit Angststörungen und Patienten mit affektiven Störungen feststellen konnten.

Aufgrund des Mangels an empirischen Studien, kann auf die Frage, ob die Art der psychischen Störung einen Einfluss auf die Hausaufgabenadhärenz hat noch keine abschließende Antwort gegeben werden.

Alter der Patienten

Das Alter der Patienten könnte ebenfalls einen Einfluss auf die Hausaufgabenadhärenz haben und wurde in einigen Studien als Moderatorvariable untersucht. In einer Studie an 14 depressiven Patienten finden Bryant et al. (1999) keinen Zusammenhang zwischen dem Alter und der durchschnittlichen Adhärenz über alle Therapiesitzungen und auch Fehm und Mrose (2008) finden für 80 Patienten mit unterschiedlichen psychischen Störungen keinen Zusammenhang zwischen dem Alter (M=33.5, SD=11.83, Range 20-77) und der durch den Therapeuten eingeschätzten Adhärenz. Bei Helbig und Fehm (2004) war das Alter (M=37.5, SD=11.63) ebenfalls kein statistisch signifikanter Prädiktor der Hausaufgabenadhärenz.

Die Annahme, dass ältere Patienten mehr Hausaufgaben erledigen, als jüngere bestätigt sich in den Studien von Hoelscher et al. (1984) und Schmidt und Woolaway-Bickel (2000). Hoelscher et al. (1984) untersuchten die Hausaufgabenadhärenz zu Entspannungsübungen bei 21 Patienten (Alter: M=36.7, SD=10.6, Range 22-57) und fanden einen signifikanten Alterseffekt auf die Adhärenz: Ältere Patienten führten die Entspannungsübungen zuhause signifikant länger bzw. häufiger durch (objektive Zeitmessung), als jüngere Patienten (r=.52, p<0.05). Eine höhere Adhärenz zu Hausaufgaben bei Patienten mit Panikstörung (N=48; Alter: M=35,

SD=11.8) war ebenfalls mit einem höheren Alter assoziiert (*r*=.27, *p*<.05; Schmidt & Woolaway-Bickel, 2000).

Zu gegensätzlichen Ergebnissen kommen De Araujo et al. (1996) bei 46 Patienten mit Zwangsstörungen (Alter: *M*=33, *SD*=12): Je jünger die Patienten waren, desto mehr Hausaufgaben wurden erledigt (*p*<0.001).

Insgesamt gesehen, liegen wenige Studien vor, die einen Zusammenhang zwischen dem Alter der Patienten und der Hausaufgabenadhärenz nachweisen konnten, und diejenigen, die ein signifikantes Ergebnis finden, unterscheiden sich in der Richtung dieses Zusammenhangs, so dass auch hier noch kein abschließendes Urteil gefällt werden kann.

Systematischer Einsatz von Hausaufgaben

Shelton und Levy (1981) schlugen auf der Basis ihrer Untersuchungen zum Einsatz von Hausaufgaben in Treatment-Outcome-Studien und Richtlinien zur Verbesserung der Adhärenz bei Medikamenteneinnahme ein „model for practice" zum systematischen Einsatz von Hausaufgaben in der Therapie. Ihrer Auffassung nach sollte genau spezifiziert werden wann, wo, wie oft und wie lange eine Hausaufgabe durchgeführt werden soll, um eine möglichst hohe Adhärenz zu erreichen (vgl. auch Shelton & Ackerman, 1978). Für die Bedeutung dieser Empfehlung spricht zum Einen, dass einer der häufigsten Gründe für mangelhafte Adhärenz fehlendes Verständnis für die Hausaufgabe ist (z.B. Blagys & Hilsenroth, 2002). Bei Fehm und Fehm-Wolfsdorf (2001) geben beispielsweise ein Drittel der Therapeuten (*N*=140) als Grund für eine nicht erledigte Hausaufgabe an, dass dem Patienten die Aufgabe unklar gewesen sei. Eine genauere Spezifikation der Hausaufgabe selbst und der Umstände ihrer Erledigung könnte helfen hier Missverständnisse zu vermeiden. Zum Anderen scheint die Spezifikation der Begleitumstände eine Methode zu sein, die von Praktikern angewendet wird um die Verbindlichkeit von Hausaufgaben zu erhöhen: In einer explorativen Analyse von 28 Transkripten verschiedener Therapiesitzungen konnten Mahrer, Gagnon, Fairweather, Boulet und Herring (1994) zeigen, dass die Spezifikation der Begleitumstände der Hausaufgaben eine oft genutzte Strategie war (*n*=18), die auf Seiten des Patienten zu einem stärkeren Verpflichtungsgefühl beigetragen haben könnte.

Die Empfehlung dem Patienten Materialien zu seiner Hausaufgabe mitzugeben (z.B. Protokollblätter) oder wenn dies nicht möglich ist, die Hausaufgabe zumindest schriftlich zu fixieren, ist eine der wenigen Methoden zur Steigerung der Hausaufgabenadhärenz die empirisch gut überprüft ist (vgl. Helbig & Fehm, 2005). So fanden beispielweise Cox, Tisdelle und Culbert (1988), dass Patienten bei schriftlich fixierten Hausaufgaben eine bessere Erinnerung an die Aufgabe haben und in Folge auch eine höhere Adhärenz, als bei mündlich vereinbarten Hausaufgaben. Dies bestätigte sich auch bei Helbig und Fehm (2004).

Zusammenfassend beinhaltet eine systematische Hausaufgabenvergabe Spezifikationen bezüglich der Frequenz (wie oft), der Dauer (wie lange), des Zeitpunkts (wann) und des Ortes (wo), sowie idealerweise die Bereitstellung schriftlicher Materialien und wird in zahlreichen Publikationen zur Steigerung der Hausaufgabenadhärenz empfohlen (Detweiler-Bedell & Whisman, 2005; Kazantzis, Mac Ewan et al., 2005; Shelton & Levy, 1981). Abgesehen von der Empfehlung die Hausaufgaben schriftlich zu fixieren, die relativ gut empirisch belegt ist, erbringt die empirische Überprüfung dieser Empfehlungen allerdings inkonsistente Ergebnisse: Helbig und Fehm (2004) fanden keinen Zusammenhang zwischen der Genauigkeit der Hausaufgabenformulierung und der Adhärenz und bei Breil (2010) zeigte sich zwar ein signifikanter Zusammenhang zwischen der Konkretheit der Hausaufgabenvergabe und der Erinnerung an diese Aufgabe, nicht jedoch zur tatsächlichen Erledigung. Im Gegensatz dazu konnten Kelly et al. (2006) durchaus eine Adhärenzsteigerung durch die systematische Administration der Aufgaben bei Patienten mit schweren psychischen Störungen nachweisen. Zudem konnten Gollwitzer und Brandstätter (1997) in mehreren Studien zeigen, dass eine *implementation intention* (festlegen, wie, wo und wann eine Aufgabe erledigt werden soll) dazu führt, dass Vorhaben mit einer größeren Wahrscheinlichkeit umgesetzt werden und dass dies auch der Fall ist, wenn die *implementation intention* nicht selbstgesetzt ist, sondern von einer anderen Person vorgegeben wird. Auch wenn die beschriebenen Studien nicht zu einheitlichen Ergebnissen kommen, folgern Kazantzis und Deane (1999): „The theoretical basis for the utility of homework assignments strongly suggests that as the level of specifity and systematization increases, so do the benefits for client improvement"(S.584).

Trotz erster Hinweise auf ihre Wirksamkeit zur Adhärenzsteigerung zeigen Praxisstudien, dass nur wenige Therapeuten die Empfehlungen zur systematischen Vergabe von Hausaufgaben konsequent umsetzen. So gaben beispielsweise nur 25% aller Therapeuten (*N*=221) bei Kazantzis und Deane (1999) an, in mehr als der Hälfte ihrer Hausaufgabenvereinbarungen einem systematischen Ansatz zu folgen und auch neuere Studien kommen zu ähnlichen Ergebnissen: Bei Deane et al. (2005) verfolgten weniger als ein Viertel der Therapeuten regelmäßig einen systematischen Ansatz und bei Kazantzis et al. (2007) berichten sogar nur 12% (*N*=333) ein systematisches Vorgehen bei der Vergabe und Besprechung von Hausaufgaben zu nutzen. Auch bei Helbig und Fehm (2004), die Therapeuten ihre letzten beiden vergebenen Hausaufgaben bewerten ließen, werden nur bei 14.8% der Aufgaben Ort und Zeit der Erledigung festgelegt und bei 40.9% entweder Ort oder Zeitpunkt. Bei den restlichen 44.3% wurden gar keine Spezifikationen vorgenommen. Während diese Studien ihre Informationen direkt von den Therapeuten beziehen, befragten Fehm und Mrose (2008) 60 Patienten, mit denen in der vorangegangenen Therapiestunde Hausaufgaben vereinbart wurden: 80% der Patienten gaben an, dass weder Zeit noch Ort für die Erledigung der Hausaufgabe festgelegt wurden.

<u>Art und Anzahl der Hausaufgaben</u>

Während die Verwendung verschiedener Arten von Hausaufgaben in empirischen Studien oft zu deskriptiven Zwecken mit erfasst wurde, wurde bislang selten untersucht, ob die Art der Hausaufgabe einen Einfluss auf die Adhärenz hat, ob also bestimmte Arten von Hausaufgaben eher erledigt werden als andere. Bei Worthington (1986) wurden Verhaltensaufgaben genau so häufig erledigt, wie Hausaufgaben die eher mit Denkprozessen in Verbindung stehen. Lediglich bei der Bearbeitung standardisierter Instrumente (Fragebögen ausfüllen etc.) zeigte sich im Vergleich zu allen anderen Hausaufgaben eine höhere Adhärenz. Helbig und Fehm (2004) befragten Therapeuten nach den letzten beiden Patienten mit denen Hausaufgaben vereinbart wurden und stellten fest, dass die Art der vergebenen Hausaufgabe (kognitiv vs. behavioral) keinen Einfluss auf die Adhärenz hatte.

Startup und Edmonds (1994) vermuteten, dass mit steigender Anzahl von Hausaufgaben pro Sitzung, die Hausaufgabenadhärenz aufgrund von steigender Komplexität sinkt, konnten dies jedoch ebenfalls nicht empirisch bestätigen.

2.5 Fazit und Ausblick auf die Studie

Insgesamt lässt sich erkennen, dass Hausaufgaben sowohl in verschiedenen Therapieschulen, als auch bei verschiedenen Populationen zur Behandlung zahlreicher psychischer Störungen gewinnbringend eingesetzt werden können und die meisten praktisch tätigen Therapeuten (v.a. im kognitiv-behavioralen Bereich) dem Einsatz von Hausaufgaben eine hohe Bedeutung beimessen (Breil, 2010; vgl. Abschnitt 2.4). Studien, die ihren Fokus auf die therapeutische Praxis legen, erfragen allerdings bislang oft den durchschnittlichen Umgang mit Hausaufgaben und verlangen von den Therapeuten eine rückblickende Einschätzung ihrer Handlungen. Bei dieser Art der retrospektiven Befragung kann es zu verschiedenen Verzerrungen kommen. Außerdem ist davon auszugehen, dass bei den meisten Studien, die versuchen einen Einblick in die klinische Praxis zu gewinnen ein Selektionsbias bezüglich der Stichprobe vorliegt: In der Mehrzahl der Studien wurden Fragebögen zur Ermittlung der relevanten Daten genutzt und die Beteiligung an den Studien war freiwillig (auf dem Postweg, bei Weiterbildungen etc.), so dass wahrscheinlich vor allem solche Therapeuten teilnahmen, die dem Thema Hausaufgaben von vornerein interessierter oder positiver gegenüber standen (Fehm & Fehm-Wolfsdorf, 2001).

Eine Untersuchung der tatsächlichen Handlungsweisen von Therapeuten in der klinischen Praxis kann Erkenntnisse darüber erbringen, inwieweit aktuelle Befunde und Überlegungen aus der Forschung in den therapeutischen Alltag gelangen. Außerdem können umgekehrt die Ergebnisse aus Studien in naturalistischen Settings Anregungen für die weitere Forschung erbringen (Breil, 2010). Deshalb beschäftigt sich die vorliegende Studie mit dem tatsächlichen Einsatz von Hausaufgaben in einer psychotherapeutischen Ambulanz und untersucht im ersten Teil der Studie anhand von Stundenprotokollen den tatsächlichen Umgang mit Hausaufgaben in der Praxis. Hierzu werden sowohl Angaben über die Frequenz der Vergabe und der Erledigung von Hausaufgaben erhoben, als auch über die Art und Anzahl der Hausaufgaben die verwendet werden.

Im zweiten Teil der Studie werden die erhobenen Daten zu klinischen und Prozessvariablen in Verbindung gesetzt. Obwohl die Wirksamkeit von Hausaufgaben in experimentellen und quasi-experimentellen Studien ausgiebig untersucht wurde und die beschriebenen Metaanalysen gezeigt haben, dass sowohl der Einsatz, als auch die Adhärenz einen positiven Einfluss auf das Therapieergebnis haben (vgl. Abschnitt 2.3), fehlen nach wie vor Wirksamkeitsnachweise für die therapeutische Praxis (Fehm & Fehm-Wolfsdorf, 2001). Deshalb wird in der vorliegenden Studie untersucht, ob die durch die Analyse der Stundenprotokolle festgestellte Frequenz der Vergabe und die Adhärenz in Verbindung zu den regelmäßig durchgeführten Verlaufsmessungen und dem Therapieoutcome stehen. Außerdem werden einige der in der Theorie beschriebenen Moderatorvariablen auf die Adhärenz sowie auf den Zusammenhang zwischen Adhärenz und Therapieoutcome getestet.

3 Fragestellungen & Hypothesen

Dieses Kapitel stellt die für die Untersuchung entwickelten Fragestellungen und Hypothesen vor und unterteilt sich in zwei Abschnitte. Im ersten Abschnitt (3.1) werden die explorativen Fragestellungen vorgestellt, die zur Ermittlung des tatsächlichen Einsatzes von Hausaufgaben in der Praxis beantwortet werden sollen. Der zweite Abschnitt (3.2) behandelt hingegen die zu untersuchenden Fragen bezüglich möglicher Zusammenhänge zwischen dem Einsatz von Hausaufgaben und der Adhärenz mit Patientencharakteristika und dem Therapieerfolg. Da in den theoretischen Ausführungen gezeigt wurde, dass zu den meisten dieser Fragestellungen bislang sehr widersprüchliche Ergebnisse gefunden wurden, werden auch im zweiten Teil überwiegend Fragestellungen behandelt, die eher explorativen Charakter haben. Lediglich für einige Zusammenhänge können auf der vorhandenen theoretischen und empirischen Basis fundierte Hypothesen generiert werden.

3.1 Explorative Fragestellungen

Bislang wurden in der Mehrzahl der Studien zum Hausaufgabeneinsatz in der klinischen Praxis Therapeuten befragt, wie ihr durchschnittlicher Umgang mit Hausaufgaben aussieht (z.B. Dattilio, Kazantzis, Shinkfield & Carr, 2011; Fehm & Kazantzis, 2004; Kazantzis & Dattilio, 2010; Kazantzis & Deane, 1999). Nur wenige Studien haben versucht den tatsächlichen Umgang mit Hausaufgaben auf der Basis individueller Patienten und spezifischer Therapiesitzungen zu ermitteln (z.B. Breil, 2010; Helbig & Fehm, 2004). Problematisch an den meisten Untersuchungen ist zudem, dass die Angaben über die Beantwortung von Fragebögen gemacht wurden und die Teilnahme an den Studien freiwillig war. So wurden beispielsweise die Fragebögen bei Dattilio et al. (2011) per Post an 1000 Therapeuten verschickt, von denen lediglich 226 (22%) zurückgeschickt wurden. Es kann davon ausgegangen werden, dass vor allem diejenigen Therapeuten, die sich für das Thema der Studie interessierten, an der Befragung teilgenommen haben und somit ein Selektionsbias vorliegt. Dies gilt auch für andere Studien, die ihre Stichprobe bei Fortbildungsveranstaltungen akquiriert haben (z.B. Fehm & Fehm-Wolfsdorf, 2001).

In den Studien von Breil (2010), die auf Basis von Fragebögen und Videoanalysen den tatsächlichen Umgang mit Hausaufgaben sitzungsweise erfasst haben, zeigte sich, dass nur in knapp 50% der Therapiesitzungen einer kognitiv-verhaltenstherapeutischen Ambulanz Hausaufgaben eingesetzt wurden. Dies überrascht, da in theoretischen Formulierungen die Rolle von Hausaufgaben gerade in kognitiven und behavioralen Therapieansätzen betont wird und Empfehlungen ausgesprochen werden diese in jeder Therapiesitzung einzusetzen (vgl. Abschnitt 2.4.2).

Die ersten Fragestellungen die in der vorliegenden Studie deshalb von Interesse sind, betreffen den Umgang mit Hausaufgaben in der therapeutischen Praxis der untersuchten Ambulanz:

E1: *Wie häufig werden Hausaufgaben vereinbart?*
E2: *Wie viele Hausaufgaben werden pro Therapiesitzung vereinbart?*

Weiterhin wurde in den theoretischen Ausführungen zur Steigerung der Hausaufgabenadhärenz empfohlen, Hausaufgaben möglichst systematisch zu vergeben, also zu spezifizieren wann, wo, wie oft und wie lange die vergebenen Aufgaben durchgeführt werden sollen (vgl. Abschnitt 2.4.4). Obwohl empirische Studien teilweise bestätigen konnten, dass die systematische Vergabe von Hausaufgaben einen Einfluss auf deren Erledigung haben kann, wurde in Untersuchungen zur therapeutischen Praxis festgestellt, dass nur ca. 12-15% der Hausaufgaben tatsächlich systematisch vergeben werden (z.B. Deane et al., 2005; Helbig & Fehm, 2004; Kazantzis et al., 2007). Auch hier wäre interessant zu erfahren, ob sich die in diesen Studien ermittelten Häufigkeiten replizieren lassen:

E3: *Wie systematisch werden Hausaufgaben vergeben?*

Bezüglich der Arten von Hausaufgaben die in der Therapie zum Einsatz kommen, existieren bislang relativ wenige Befunde. Viele Studien liefern nur ein Globalurteil der Therapeuten darüber, welche Arten von Hausaufgaben sie überhaupt in ihren Therapien einsetzen (z.B. Fehm & Kazantzis, 2004). Dies führt zumeist dazu, dass sowohl kognitive als auch behaviorale Aufgabentypen relativ gleichhäufig genannt werden. Betrachtet man allerding die Hausaufgabenart sitzungsweise, kommen kognitive Hausaufgaben sowohl bei Helbig und Fehm (2004), als auch bei Fehm und Mrose (2008) wesentlich häufiger vor (ca. 65% vs. 35%). Allerdings bleibt beispielsweise bei Fehm und Mrose (2008) die Anzahl der Hausaufgaben, die in der zu bewertenden Therapiesitzung vergeben wurden, unberücksichtigt, was zu Verzerrungen der angegebenen Häufigkeiten geführt haben könnte (vgl. Abschnitt 2.4.2). Dies führt zu folgender Fragestellung für die vorliegende Untersuchung:

E4: *Welche Arten von Hausaufgaben werden vereinbart?*

Abschließend ist natürlich für die Forschung von Interesse wie viele der vereinbarten Hausaufgaben überhaupt vom Patienten bearbeitet werden, da gezeigt werden konnte, dass die zuverlässige Erledigung von Hausaufgaben einen Einfluss auf das Therapieergebnis hat (vgl. Abschnitt 2.3.3 & 2.3.5):

> **E5:** *Wie häufig und in welchem Umfang werden Hausaufgaben erledigt?*

Durch die hier beschriebenen Fragestellungen werden somit Daten gewonnen, die den Umgang und die Adhärenz zu Hausaufgaben in der klinischen Praxis der untersuchten Ambulanz erfassen und diese können dann in einem nächsten Schritt im Zusammenhang mit klinischen und Prozessvariablen weiter untersucht werden.

3.2 Zusammenhänge zu klinischen und Prozessvariablen

Die im zweiten Teil der Studie untersuchten Zusammenhänge lassen sich in zwei Unterkategorien einteilen. Die Fragestellungen unter Abschnitt 3.2.1 betreffen den Einsatz von Hausaufgaben, während die unter Abschnitt 3.2.2 dargestellten Forschungsfragen sich auf die Hausaufgabenadhärenz beziehen.

3.2.1 Hausaufgabenvergabe

In den theoretischen Diskussionen zum Einsatz von Hausaufgaben wurde darauf hingewiesen, dass Hausaufgaben eventuell nicht für alle psychischen Störungsbereiche gleichermaßen geeignet sind. Dies spiegelt sich auch in den Einstellungen von Praktikern wider, die den Einsatz von Hausaufgaben für einige Störungen wichtiger finden als für andere (z.B. Fehm & Kazantzis, 2004; Kazantzis & Dattilio, 2010). Dem gegenüber steht jedoch die Auffassung, dass Hausaufgaben überall gewinnbringend eingesetzt werden können, wenn der Therapeut dafür Sorge trägt, dass sie an die individuellen Bedürfnisse der Patienten angepasst werden (vgl. Abschnitt 2.4.1). In der vorliegenden Studie interessiert dementsprechend, ob die Therapeuten der Stichprobe einen unterschiedlichen Einsatz von Hausaufgaben bei verschiedenen psychischen Störungsbereichen zeigen:

> **HV1:** *Unterscheidet sich die Häufigkeit der Hausaufgabenvergabe in Abhängigkeit von der Diagnose?*
> **HV2:** *Unterscheidet sich die Art der vergebenen Hausaufgabe in Abhängigkeit von der Diagnose?*

Die Frage ob der Einsatz von Hausaufgaben einen Einfluss auf die Dauer der Therapie hat, wurde bislang nur in sehr wenigen Studien untersucht und diese kamen zu widersprüchlichen Ergebnissen (vgl. Abschnitt 2.3.2). Der Zusammenhang zwischen dem Einsatz von Hausaufgaben und dem Therapieerfolg allerdings kann durch verschiedene Studien und vor allem durch die von Kazantzis et al. (2000) durchgeführte Metaanalyse als relativ gesichert angesehen werden. Allerdings beinhaltete die Metaanalyse nur Studien mit experimentellen oder quasi-experimentellen Designs und Wirksamkeitsnachweise für die klinische Praxis fehlen bislang (Fehm & Fehm-Wolfsdorf, 2001). Außerdem wurden in den meisten veröffentlichten Studien Therapien mit standardisierten Behandlungsmanualen an homogenen Stichproben durchgeführt, was ihre Generalisierbarkeit auf die allgemeine klinische Praxis fragwürdig erscheinen lässt (Coon & Thompson, 2003; Kazantzis et al., 2000). Hieraus ergeben sich folgende Fragestellungen für die Untersuchung:

HV3: Besteht ein Zusammenhang zwischen der Häufigkeit der Hausaufgabenvergabe und der Therapiedauer?
HV4: Besteht ein Zusammenhang zwischen der Häufigkeit der Hausaufgabenvergabe und dem Therapieerfolg?

Da der Zusammenhang zwischen der Hausaufgabenvergabe und dem Therapieerfolg bereits gut untersucht ist und die gefundenen Zusammenhänge so wie die theoretischen Formulierungen zu diesem Thema darauf hinweisen, dass das Therapieoutcome durch den Einsatz von Hausaufgaben verbessert wird, lässt sich hier zusätzlich eine gerichtete Forschungshypothese formulieren:

Hypothese: Es besteht ein positiver Zusammenhang zwischen der Häufigkeit der Hausaufgabenvergabe und dem Therapieerfolg.

Aus den Einzelbefunden zur Hausaufgabenvergabe bei unterschiedlichen psychischen Störungen und der Metaanalyse von Kazantzis et al. (2000) wurde deutlich, dass die Untersuchungsergebnisse für die Behandlung depressiver Störungen einen deutlicheren Zusammenhang zwischen Hausaufgabenvergabe und dem Therapieoutcome erbringen, als Studien zu Angststörungen (vgl. Abschnitt 2.3.1 & 2.3.5). Dementsprechend stellt sich folgende Forschungsfrage:

HV5: Ist die Diagnose ein Moderator des Zusammenhangs zwischen der Häufigkeit der Hausaufgabenvergabe und dem Therapieerfolg?

Da in der Metaanalyse von Kazantzis et al. (2000) bei der Untersuchung dieses Sachverhalts bereits deutlich höhere Effektstärken in der Behandlung depressiver Störungen gefunden wurden (*vgl. Abschnitt 2.3.5)*, lässt sich hier eine gerichtete Hypothese formulieren:

Hypothese: *Die Korrelation zwischen der Häufigkeit der Hausaufgabenvergabe und dem Therapieerfolg ist bei depressiven Störungen höher als bei Angststörungen.*

3.2.2 Hausaufgabenadhärenz

Es werden einige Variablen diskutiert die möglicherweise einen Einfluss auf die Hausaufgabenadhärenz von Patienten haben könnten (s. Abschnitt 2.4.4). Da Therapeuten- und Patientenbefragungen gezeigt haben, dass die Hausaufgabenadhärenz oft nicht sehr hoch ist und Patienten regelmäßig Hausaufgaben gar nicht oder nicht vollständig erledigen (z.B. Helbig & Fehm, 2004; Kazantzis, Lampropoulos et al., 2005), ist es für die Forschung von Interesse welche Variablen auf die Adhärenz Einfluss nehmen. Diese können im Falle von Therapeuten- oder Aufgabenmerkmalen gezielt modifiziert werden um eine bessere Adhärenz zu erreichen. Aber auch bei Patientenvariablen, auf die kein direkter Einfluss genommen werden kann, ist das Wissen um die Einflüsse auf die Hausaufgabenadhärenz nützlich: Wenn der Therapeut weiß, dass es bei Patienten mit bestimmten Merkmalen im Durchschnitt größere Probleme mit der Hausaufgabenadhärenz gibt, kann er gezielter Möglichkeiten aufgreifen um die Motivation zur Durchführung von Hausaufgaben zu erhöhen (vgl. z.B. Schmidt & Woolaway-Bickel, 2000). Wie unter Abschnitt 2.4.4 erläutert, werden in der wissenschaftlichen Literatur zurzeit zahlreiche mögliche Einflüsse auf die Adhärenz diskutiert, von denen leider bis auf ein paar wenige Ausnahmen, keine als gesichert gelten können (Helbig & Fehm, 2005). Aus diesem Grund wird nachfolgend explorativ nach möglichen Einflüssen auf die Hausaufgabenadhärenz gesucht:

HA1: Welche Patientencharakteristika oder Hausaufgabenmerkmale haben einen Einfluss auf die Hausaufgabenadhärenz?

Hierbei werden das Alter der Patienten, die anfängliche Schwere der Erkrankung und die Diagnose als Patientencharakteristika untersucht. Bezüglich der Hausaufgabenmerkmale wird auf die Art der vergebenen Hausaufgabe, die Systematik der Vergabe und die Anzahl der Hausaufgaben pro Therapiestunde Bezug genommen (s. Abschnitt 2.4.4).

Aus den genannten Ansätzen lässt sich auf der vorhandenen empirischen und theoretischen Basis nur für die Frage nach dem Zusammenhang der Adhärenz und der Systematik der Hausaufgabenvergabe eine Hypothese formulieren. Studien die diesen Zusammenhang untersuchten kamen entweder zu keinem Ergebnis oder aber, wenn ein signifikanter Zusammenhang gefunden wurde, immer zu dem Ergebnis, dass eine systematische Administration der Hausaufgaben die Adhärenz steigert (vgl. Abschnitt 2.4.4):

Hypothese: Systematisch vergebene Hausaufgaben werden häufiger erledigt, als unsystematisch vergebene Hausaufgaben.

Für alle anderen Fragen zum Einfluss auf die Hausaufgabenadhärenz können keine fundierten Hypothesen generiert werden, da die Befundlage bisher äußerst widersprüchlich ist.

Zusätzlich soll untersucht werden, ob die Therapiephase einen Einfluss auf die Adhärenz hat. Die Einteilung der Therapiephasen geschieht hierbei analog zu Breil (2010) und Leung und Heimberg (1996), die zwischen einer frühen, mittleren und späten Adhärenz unterscheiden (frühe: Therapiestunde 1-8, mittlere: 9-16, späte: 17-25; s. Abschnitt 2.4.4).

HA2: Unterscheidet sich die Hausaufgabenadhärenz in Abhängigkeit von der Therapiephase?

Da bisherige Untersuchungen zur Hausaufgabenadhärenz äußerst heterogene Befunde zum Einfluss der Therapiephase aufweisen (vgl. Abschnitt 2.4.3), kann auf Grundlage der bisherigen Befunde keine begründete Hypothese generiert werden.

Wie schon bei der Vergabe von Hausaufgaben, könnte ebenfalls ein Zusammenhang bestehen zwischen der durchschnittlichen Hausaufgabenadhärenz und der Dauer der Therapie. Allerdings liegen hierzu bislang keine Studien vor. Für die vorliegende Studie ergibt sich also folgende Frage:

HA3: Besteht ein Zusammenhang zwischen der durchschnittlichen Hausaufgabenadhärenz und der Therapiedauer?

Wie in zahlreichen Studien gezeigt und in den Metaanalysen bestätigt werden konnte, hat die Hausaufgabenadhärenz einen positiven Einfluss auf das Therapieergebnis (vgl. Abschnitt 2.3.3 & 2.3.5). Da diese Ergebnisse aber meist auf homogenen Stichproben basieren, ist die Generalisierbarkeit auf die klinische Praxis, in der Komorbiditäten häufig vorkommen und Problembereiche vielfältig sind, fraglich (Kazantzis et al., 2000).

HA4: Besteht ein Zusammenhang zwischen der durchschnittlichen Hausaufgabenadhärenz und dem Therapieerfolg?

Da der Zusammenhang zwischen der durchschnittlichen Hausaufgabenadhärenz und dem Therapieerfolg durch die Metaanalysen (vgl. Abschnitt 2.3.5) als relativ gesichert gelten kann, ergibt sich folgende Untersuchungshypothese:

Hypothese: Es besteht ein positiver Zusammenhang zwischen der durchschnittlichen
Hausaufgabenadhärenz und dem Therapieerfolg.

In einigen Studien erwies sich die Phase der Therapie in der die Adhärenz erfasst wurde als
Moderator der Ergebnisse zum Zusammenhang zwischen Adhärenz und Therapieoutcome,
wenn auch mit uneinheitlichen Befunden (vgl. Abschnitt 2.4.3). So zeigte sich in einigen Studien, dass die frühe Adhärenz der beste Prädiktor des Therapieoutcomes war (z.B. De Araujo et
al., 1996; Startup & Edmonds, 1994; Westra et al., 2007), während andere Studien auch signifikante Einflüsse für die Adhärenz späterer Therapiephasen bestätigen (z.B. Leung & Heimberg,
1996; vgl. Abschnitt 2.3.3). Hierbei waren die Phaseneinteilungen der Studien zum Teil sehr
unterschiedlich, so dass neben der bereits erwähnten Drei-Phasen-Einteilung nach Breil (2010),
ebenfalls analog zu Fennell und Teasdale (1987) sowie Startup & Edmonds (1994) eine Zwei-
Phasen-Einteilung untersucht werden soll (vgl. Abschnitt 2.3.3). Dementsprechend stellen sich
folgende Forschungsfragen:

HA5: Unterscheiden sich die Korrelationen zwischen der frühen Adhärenz (Sitzung 1-2)
und der Adhärenz in Sitzung 3-15 (bzw. 3-25) und dem Therapieerfolg?
HA6: Unterscheiden sich die Korrelationen der frühen (Therapiestunde 1-8), mittleren
(Therapiestunde 9-16) und späten Adhärenz (Therapiestunde 17-25) und dem Therapieerfolg?

Wie unter Abschnitt 3.2.1 beschrieben, lieferte die Metaanalyse (Kazantzis et al., 2000) Hinweise darauf, dass die Diagnose der Patienten ein Moderator des Zusammenhangs zwischen der
Hausaufgabenvergabe und dem Therapieerfolg ist (vgl. Abschnitt 2.3.5). Dieser Zusammenhang
konnte allerdings nicht für die Hausaufgabenadhärenz gezeigt werden. In den unter Abschnitt
2.3.3 beschriebenen Studien zeigen sich jedoch ebenfalls eindeutigere Ergebnisse zum Zusammenhang zwischen Adhärenz und Therapieerfolg bei depressiven Patienten als bei Angststörungen, womit sich abschließend folgende Frage stellt:

HA7: Ist die Diagnose ein Moderator des Zusammenhangs zwischen der durchschnittlichen Hausaufgabenadhärenz und dem Therapieerfolg?

4 Methoden

Im Folgenden wird die Operationalisierung und Datenerhebung der vorliegenden Studie erläutert. Außerdem wird die gewonnene Stichprobe beschrieben und es werden die statistischen Verfahren vorgestellt, die zur Beantwortung der unter Abschnitt 3 aufgeführten Fragestellungen benötigt werden.

4.1 Vorgehen bei der Datenerhebung

Die Datenerhebung erfolgte im Sommer 2011 in der Psychotherapeutischen Ambulanz der Universität Bremen. Bei dieser Einrichtung handelt es sich zum Einen um eine Forschungs- und Lehrambulanz, die eng mit dem Zentrum für Klinische Psychologie und Rehabilitation (ZKPR) der Universität Bremen zusammenarbeitet (Zentrum für Klinische Psychologie und Rehabilitation, n.d.). Viele der dort arbeitenden Psychologen befinden sich dementsprechend gerade in ihrer Therapieausbildung am Institut für Psychologische Psychotherapieausbildung (IPP; Institut für Psychologische Psychotherapieausbildung, n.d.). Zum Anderen stellt die Ambulanz auch eine Einrichtung der lokalen und regionalen psychotherapeutischen Versorgung dar, die Therapien auf der Grundlage der kognitiven Verhaltenstherapie für verschiedene psychische Störungen durchführt. Schwerpunktmäßig werden Angst- und Zwangsstörungen, Depressionen, Essstörungen, Psychosomatische Probleme und Posttraumatische Belastungsstörungen behandelt (Psychotherapeutische Ambulanz [ZKPR] der Universität Bremen, n.d.).

Für die vorliegende Studie wurden alle archivierten und laufenden Patientenakten der Ambulanz im Hinblick auf zwei Kriterien geprüft: Zum Einen musste die Therapie nach den probatorischen Sitzungen mindestens 25 Stunden umfassen (Länge einer Kurzzeittherapie) oder aber bereits vor der 25. Therapiestunde abgeschlossen oder abgebrochen werden. Zum Anderen musste für alle Therapiesitzungen das neue Therapieprotokoll ausgefüllt worden sein. Im Unterschied zu dem vor 2009 verwendeten Protokollblatt beinhaltet dieses Fragen zur Hausaufgabenvergabe und zur Hausaufgabenerledigung, die vom Therapeuten in jeder Sitzung durch ankreuzen beantwortet werden (Anhang A). Alle Akten auf die diese Kriterien zutrafen wurden in die Studie aufgenommen.

Jede Akte die nach den beschriebenen Kriterien in die Studie aufgenommen werden konnte, wurde von der Autorin im Hinblick auf die relevanten Daten untersucht. Um die Anonymität der Patienten zu wahren, wurden für die Dateneingabe lediglich die anonymisierten Kennziffern aus den Akten entnommen.

Für alle Patienten wurden sowohl demografische Daten (Alter, Geschlecht), als auch die Gesamtanzahl der Therapiestunden und die Anzahl der Therapiesitzungen erhoben. Die Stundenanzahl gibt hierbei an, wie viele Zeitstunden in der Therapie nach den probatorischen Sitzungen absolviert wurden. Demgegenüber gibt die Sitzungsanzahl die Anzahl der eigentlichen Termine wieder. Da es im Verlauf der Therapie oft vorkommt, dass eine Therapiesitzung über zwei oder mehr Stunden andauert, kann die Terminanzahl bei zwei Patienten mit 25 Therapiestunden dementsprechend unterschiedlich sein. Diese Unterscheidung ist später in der Datenanalyse wichtig: Während die Anzahl der Therapiestunden die Dauer der Therapie widerspiegelt, ist bei der Betrachtung der Hausaufgabenvergabe die Anzahl der Termine ausschlaggebend, da nur von einem Termin zum nächsten Hausaufgaben vergeben/erledigt werden können.

Die Operationalisierung der weiteren für die Fragestellungen relevanten Größen wird unter Abschnitt 4.3 beschrieben.

4.2 Stichprobe

Die Stichprobe besteht aus 79 Patienten (36.7% männlich, 63.3% weiblich), die im Durchschnitt 38.42 Jahre alt sind (SD=11.76, Range 18-64 Jahre) und von insgesamt 23 Therapeuten behandelt wurden. Hierbei behandelt ein Therapeut im Durchschnitt 3.43 Patienten (SD=2.96), wobei die Spannbreite zwischen einem und zwölf Patienten liegt.

40 Patienten (50.6%) befinden sich zum Zeitpunkt der Datenerhebung noch in Therapie, 35 Patienten (44.3%) haben die Therapie bereits regulär beendet und vier Patienten (5.1%) haben die Therapie vorzeitig abgebrochen. Regulär beendete Therapien (n=35) haben eine mittlere Länge von 23.43 Therapiestunden (SD=10.39, Range 8-59) bei durchschnittlich 18.51 Therapiesitzungen (SD=9.28, Range 5-49). Die abgebrochenen Therapien (n=4) haben eine mittlere Länge von 12.00 Therapiestunden (SD=2.94, Range 9-15) und 11.00 Therapiesitzungen (SD=1.83, Range 9-13). Die Therapiesitzungen aller 79 Patienten sind im Mittel 1.26 Stunden lang (SD=0.61, Range 1-8) und es werden pro Patient 17.89 Therapiesitzungen (SD=5.11, Range 5-25) untersucht, so dass Hausaufgabendaten für insgesamt 1413 Therapiesitzungen vorliegen.

Die Diagnostik wurde zu Beginn der Therapie durch den behandelnden Therapeuten mithilfe des Strukturierten Klinischen Interviews für DSM-IV (SKID; Wittchen, Zaudig & Fydrich, 1997) durchgeführt und konnte den Patientenakten entnommen werden. Von den 79 Patienten der Stichprobe haben 43 (54.4%) lediglich eine Diagnose, während bei 36 Patienten (45.6%) ein bis drei komorbide Diagnosen vorliegen (s. Abbildung 1).

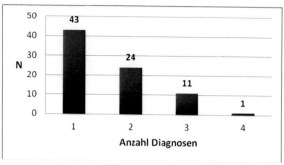

Abbildung 1: Anzahl der Diagnosen (*N*=79)

Bei der Verteilung der Erstdiagnosen kommen Angst- und Zwangsstörungen mit ca. 55% am häufigsten vor, gefolgt von depressiven Störungen mit etwa 32%. Eine Verteilung der Erstdiagnosen zeigt Abbildung 2.

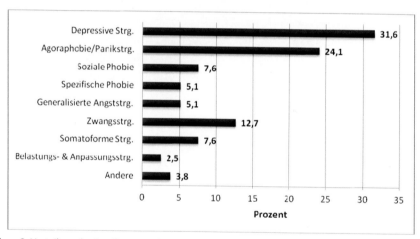

Abbildung 2: Verteilung der Erstdiagnosen (*N*=79)

Auch bei den Zweitdiagnosen (*n*=36) überwiegen depressive Störungen (58.6%) und Angststörungen (19.2%). Außerdem zeigt sich eine hohe Komorbidität der beiden Störungsbereiche: 58.9% der Patienten mit komorbiden Diagnosen haben sowohl eine Angststörung, als auch eine depressive Störung.

4.3 Operationalisierung

Im Folgenden wird die Operationalisierung der für die Überprüfung der Fragestellungen benötigten Variablen erläutert.

4.3.1 Hausaufgabenvariablen

In die Datenmatrix gingen für jeden Patienten Daten aus den ersten 25 Therapiestunden ein. Wurde die Therapie bereits vor der 25. Stunde beendet oder abgebrochen, wurde nur die entsprechende Anzahl aufgenommen. Für jede Sitzung eines Patienten wurden anhand des Therapieprotokolls (Anhang A) verschiedene Hausaufgabenvariablen ermittelt:

Im ersten Schritt wurde kodiert, ob in der jeweiligen Sitzung Hausaufgaben vergeben wurden. Wenn ja wurde anhand der kategorialen Angaben des Therapeuten spezifiziert, ob die Hausaufgaben nur grob besprochen wurden oder ob im Hinblick auf Zeit und Ort der Erledigung eine konkrete Vereinbarung stattgefunden hatte. Wenn Hausaufgaben vereinbart wurden, wurde in einem zweiten Schritt über die durch den Therapeuten angefertigte freie Beschreibung der Hausaufgaben ermittelt, wie viele verschiedene Aufgaben vereinbart wurden. Bezüglich der Hausaufgabenart wurde in Anlehnung an die Hauptkategorien von Hausaufgaben nach Breil (2010; s. Abschnitt 2.2.3) außerdem für jede einzelne Aufgabe festgehalten, ob sie den kognitiven oder den behavioralen Aufgaben zuzuordnen ist. Zu den kognitiven Aufgaben zählen beispielsweise das Führen von Protokollen/Tagebüchern, Imaginationsaufgaben und das bewusste Nachdenken über bestimmte Sachverhalte, während Expositionsübungen oder die Durchführung bestimmter Aktivitäten zu den behavioralen Aufgaben zählen (vgl. Abschnitt 2.2.3).

Um die Adhärenz zu den vereinbarten Hausaufgaben zu ermitteln, wurde das Therapieprotokoll der folgenden Therapiesitzung eingesehen. Hier wurde durch den Therapeuten angegeben, ob die Hausaufgaben erledigt wurden, wobei vier Abstufungen möglich waren: *Nein, weniger als vereinbart, wie vereinbart* und *mehr als vereinbart*.

4.3.2 Schwere der Störung

Die Schwere der psychischen Störung wurde im Verlauf der Eingangsdiagnostik durch den Therapeuten eingeschätzt und konnte den Patientenakten entnommen werden. Hierzu wurde die Clinical Global Impression Scale (CGI; Guy, 1976) verwendet. Die CGI ist eines der gebräuchlichsten Kurzverfahren zur Einschätzung des psychischen Gesundheitszustandes durch den Therapeuten und besteht aus drei globalen Items: (a) Severity of Symptoms (CGI-S): Einschätzung der momentanen Schwere der psychischen Erkrankung; (b) Global Improvement (CGI-I):

Verbesserung der Symptomatik vom Anfang der Behandlung bis zu einem bestimmten Zeitpunkt; (c) Efficacy Index (CGI-E): Therapeutischer Effekt der Behandlung (Forkmann et al., 2011). Hierbei ist der CGI-S ein siebenstufiges Rating, bei dem der Therapeut auf Basis seiner Erfahrung mit Patienten mit ähnlichen Störungsbildern die Schwere der Erkrankung des Patienten einschätzt. Das Rating reicht von *1 – überhaupt nicht psychisch krank* bis *7 – extrem schwer psychisch krank.*

Zusätzlich wurde als zweiter Indikator für die Schwere der psychischen Störung der Global Severity Index (GSI) aus der Symptomcheckliste von Derogatis (SCL-90-R; Franke, 2002) herangezogen, der die subjektive Symptombelastung des Patienten vor Beginn der Therapie erfasst. Dieser wird unter Abschnitt 4.3.3 genauer beschrieben.

4.3.3 Therapieerfolg

Zur Erfassung des Therapieerfolgs wurde ebenfalls auf die Daten der Standarddiagnostik aus den Patientenakten zurückgegriffen. Die Symptombelastung wird zu Beginn der Therapie, sowie nach jeder 15. Therapiestunde und am Therapieende durch die SCL-90-R (Franke, 2002) erfasst. Die SCL-90-R ist ein globales Selbsteinschätzungsverfahren und besteht aus 90 Items, die nach der wahrgenommenen Beeinträchtigung durch verschiedene Symptome in den letzten sieben Tagen fragen. Hieraus können neun verschiedene Skalenwerte für unterschiedliche Symptombereiche gewonnen werden. Als Index für die Gesamtbelastung kann der Global Severity Index (GSI) gebildet werden. Der SCL-90-R wird standardmäßig vor Beginn der Therapie, nach jeder 15. Sitzung und nach Beendigung der Therapie eingesetzt.

Als Fremdbeurteilungsverfahren des Therapieerfolgs wurde der Kennwert CGI-Improvement (CGI-I) verwendet, der Bestandteil der unter Abschnitt 4.3.2 beschriebenen Clinical Global Impression Scale (Guy, 1976) ist. Hier schätzt der Therapeut am Ende der Therapie auf einem 7-stufigen-Rating ein, ob bzw. wie sehr sich die Erkrankung des Patienten im Vergleich zum Beginn der Therapie verbessert bzw. verschlechtert hat. Das Rating reicht von *1 – sehr stark verbessert* bis *7 – sehr stark verschlechtert.*

Der Wahl zweier unterschiedlicher Verfahren liegt die Annahme zugrunde, dass sich sowohl Selbst- und Fremdeinschätzungsverfahren, als auch therapiebegleitende Veränderungsmaße (SCL-90-R) und retrospektive Maße (CGI) hinsichtlich ihres Aussagegehalts unterscheiden (vgl. Breil, 2010; Michalak, Kosfelder, Meyer & Schulte, 2003).

4.4 Vorbereitung der Datenauswertung

Zur Vorbereitung auf die statistische Auswertung der Daten wurden drei Datensätze erstellt: Der erste Datensatz umfasste jeweils Daten zu allen untersuchten Patienten (N=79). Der zweite Datensatz wurde auf Basis der einzelnen Therapiesitzungen erstellt, unabhängig davon mit welchem Patienten die Sitzungen stattgefunden hatten (N=1413). Dem dritten Datensatz wurden die einzelnen vereinbarten Therapieaufgaben zugrunde gelegt. Da in vielen Sitzungen mehr als eine Aufgabe vergeben wurde, ist die Fallzahl mit N=1590 hier entsprechend größer.

Um die unter Abschnitt 3 formulierten Fragestellungen statistisch berechnen zu können, wurden aus den vorhandenen Daten einige neue Variablen berechnet, die im Folgenden näher beschrieben werden.

Gruppierung der Erstdiagnosen

Da für einige Fragestellungen der Einfluss der Diagnose auf bestimmte Variablen untersucht werden soll, wurden die verschiedenen Erstdiagnosen, unabhängig von eventuell vorliegenden komorbiden Störungen, gruppiert. Hierbei wurde zwischen *Depressiven Störungen, Angststörungen, Zwangsstörungen* und *Andere* unterschieden. Die heterogene Restkategorie *Andere* umfasst verschiedene Störungen, die den anderen Kategorien nicht zugeordnet werden konnten (Anhang B).

Therapieerfolg

Zur Einschätzung des Therapieerfolgs wurde eine Differenzbildung der GSI-Werte vorgenommen, um die Veränderung der Symptombelastung zwischen zwei Zeitpunkten zu erfassen. Es wurde die Differenz zwischen dem Prä-Wert und dem ersten Verlaufswert (nach der 15. Therapiestunde) berechnet, sowie die Differenz zwischen dem Prä-Wert und dem GSI der Postdiagnostik (nach Abschluss der Therapie). Für einige Fragestellungen wurden zusätzlich auch andere Verlaufswerte (z.B. nach Therapiestunde 30) genutzt, um die Stichprobenumfänge zu erhöhen. Auf diese wird in den Erläuterungen zum Ergebnisteil erneut hingewiesen.

Häufigkeit der Hausaufgabenvergabe

Die Häufigkeit der Hausaufgabenvergabe wurde über den prozentualen Anteil der Sitzungen in denen Hausaufgaben vergeben wurden errechnet. Hierbei wurde auf die Gesamtzahl der Sitzungen Bezug genommen. In den Fällen, in denen die letzte Sitzung der Therapie (bei abgeschlossenen Therapien) Bestandteil der Datenmatrix war, wurde diese Sitzung aus der Berechnung ausgeschlossen. Da es sich hierbei um die letzte Stunde der Therapie handelt, werden im Normalfall keine Hausaufgaben mehr vereinbart, da kein Folgetermin stattfindet.

Systematik der Hausaufgabenvergabe und Art der Hausaufgabe

Um die Systematik der Vergabe patientenbezogen zu betrachten, wurde für jeden Patienten der prozentuale Anteil der konkret vereinbarten Hausaufgaben (Ort und Zeit der Erledigung besprochen) in Bezug auf alle vereinbarten Hausaufgaben ermittelt. Auch für die Art der Hausaufgaben (kognitiv vs. behavioral) wurde der relative Anteil an allen vergebenen Hausaufgaben berechnet.

Hausaufgabenadhärenz

Hier wurde ebenfalls der prozentuale Anteil der erledigten Hausaufgaben errechnet, gemessen an der Anzahl der vereinbarten Hausaufgaben. Hierbei wurden alle Aufgaben als erledigt betrachtet, die zumindest teilweise durchgeführt wurden, so dass neben den vollständig erledigten Hausaufgaben, auch alle Aufgaben bei denen weniger als vereinbart oder mehr als vereinbart erledigt wurde in die Berechnung eingingen.

Einteilung nach Therapiephase

Die Beantwortung einiger Fragestellungen erfordert eine Kenntnis darüber, in welcher Therapiephase die jeweiligen Sitzungen stattgefunden haben. Da auch in anderen Studien keine einheitliche Einteilung der Therapiephasen stattfindet und verschiedene Einteilungen auch unterschiedliche Ergebnisse erbringen (vgl. Abschnitt 2.3.3 & 2.4.3), wurden für den vorliegenden Datensatz zwei verschiedene Informationen zur Therapiephase kodiert.

Zum Einen wurde in Anlehnung an Fennell und Teasdale (1987) sowie Startup & Edmonds (1994) eine Zwei-Phasen-Einteilung vorgenommen, bei der kategorisiert wurde, ob die jeweilige Sitzung zu den ersten beiden Therapiesitzungen zählt (frühe Phase) oder später stattgefunden hat (ab Sitzung 3). Zum Anderen wurden analog zu der bei Breil (2010) erwähnten Einteilung drei verschiedene Therapiephasen unterschieden (Drei-Phasen-Einteilung): Phase 1 besteht hier aus Therapiestunde 1-8, Phase 2 aus den Stunden 9-16 und Phase 3 aus den Therapiestunden 17-25. Um Verzerrungen zu vermeiden, wurden Therapien die vor Therapiestunde 20 bereits regulär beendet wurden aus der letzteren Einteilung ausgeschlossen, da nicht davon ausgegangen werden kann, dass bei einer Therapie die beispielsweise lediglich 11 Therapiestunden umfasste die oben genannte Einteilung den gleichen Informationsgehalt hat, wie bei längeren Therapien.

4.5 Statistische Datenauswertung

In Abhängigkeit von der jeweiligen Fragestellung wurden verschiedene deskriptive Statistiken zur Beschreibung der Daten eingesetzt. Außerdem wurden Zusammenhangs- sowie Unterschiedsmaße berechnet, die im Folgenden kurz beschrieben werden. Alle statistischen Analysen wurden mit dem Statistikprogramm SPSS Version 15.0 für Windows vorgenommen.

Sofern nicht anders angegeben wurde das α-Niveau bei allen teststatistischen Überprüfungen auf α=.05 gesetzt. Bei einem Testniveau unter .01 wird von einem hochsignifikanten Ergebnis gesprochen, bei einem Testniveau zwischen .01 und .05 von einem signifikanten Ergebnis und ein Testniveau zwischen .05 und .10 wird als marginale Signifikanz bezeichnet und somit als Tendenz gewertet.

Korrelationen

Für Zusammenhangsfragestellungen zwischen zwei intervallskalierten Merkmalen wurde der Produktmoment-Korrelationskoeffizient von Bravais und Pearson berechnet. Durch die mit dem Buchstaben r bezeichnete Korrelation, kann eine Aussage über die Stärke der linearen statistischen Abhängigkeit zweier Merkmale getroffen werden. Die Werte von r liegen sämtlich zwischen -1 und +1, wobei -1 einen perfekten negativen Zusammenhang, +1 hingegen einen perfekten positiven Zusammenhang kennzeichnet. Bei statistischer Unabhängigkeit nimmt r den Wert 0 an (Kähler, 2002).

Chi-Quadrat

Die Statistik Chi-Quadrat wurde berechnet, wenn zwei nominalskalierte Merkmale Gegenstand der Fragestellung waren. Bei der Berechnung von Chi-Quadrat werden die beobachteten Häufigkeiten der untersuchten Merkmale aus der Kontingenztabelle mit denjenigen Häufigkeiten verglichen, die bei statistischer Unabhängigkeit erwartet würden. Bei statistischer Unabhängigkeit nimmt Chi-Quadrat den Wert 0 an (Bortz, 2005).

T-Test für unabhängige Stichproben und U-Test von Mann-Whitney

Der t-Test für unabhängige Stichproben ist ein parametrisches Testverfahren und wird eingesetzt, wenn überprüft werden soll, ob sich die Mitten von intervallskalierten Merkmalen zwischen zwei Gruppen von Merkmalsträgern unterscheiden (Bortz & Döring, 2003). Voraussetzung für den Einsatz des t-Tests ist, dass das untersuchte Merkmal normalverteilt ist. Da der t-Test aber zu den robusten Testverfahren gehört, ist er ebenfalls einsetzbar, wenn die Stichprobenumfänge hinreichend groß sind ($n1$>30 und $n2$>30; Kähler, 2002).

Für den Fall, dass die Normalverteilungsannahme nicht akzeptiert werden kann und die Stichprobenumfänge nicht hinreichend groß sind, wird auf den U-Test von Mann-Whitney als nonparametrisches Verfahren zurückgegriffen (Kähler, 2002).

Einfaktorielle Varianzanalyse und H-Test von Kruskal-Wallis

Die einfaktorielle Varianzanalyse (ANOVA) ist ein parametrisches Verfahren und stellt eine Verallgemeinerung des t-Tests für unabhängige Stichproben dar. Hierbei hat das unabhängige nominalskalierte Merkmal mehrere Stufen – Faktorstufen genannt – welche die Gruppenzugehörigkeit kennzeichnen. Getestet wird ob sich die Mittelwerte des abhängigen intervallskalierten Merkmals aufgrund verschiedener Gruppenzugehörigkeit signifikant voneinander unterscheiden. Der Signifikanztest der Varianzanalyse wird nach seinem Entwickler Fisher *F-Test der einfaktoriellen Varianzanalyse* genannt. Um eine einfaktorielle Varianzanalyse durchführen zu können, müssen verschiedene Voraussetzungen erfüllt sein: Das abhängige intervallskalierte Merkmal muss normalverteilt sein und es muss Varianzhomogenität vorliegen. Die Varianzhomogenität kann durch den Levene-Test überprüft werden. Allerdings ist der F-Test der Varianzanalyse relativ robust gegenüber Verletzungen der Voraussetzungen (Kähler, 2002).

Kommt die Varianzanalyse zu einem signifikanten Ergebnis kann die Frage welche Faktorstufen sich unterscheiden mithilfe eines a-posteriori-Tests beantwortet werden. Hier wurde der Scheffé-Test verwendet, da dieser zu den konservativen aber robusten Testverfahren zählt (Kähler, 2002).

Bei Nichterfüllung der Voraussetzungen der ANOVA kann die Kruskal-Wallis-Rangvarianzanalyse, auch H-Test genannt, als verteilungsfreies Verfahren eingesetzt werden. Dieses Verfahren wird bei mindestens ordinalskalierten Merkmalen eingesetzt, um eine Aussage darüber zu treffen, ob sich die Mediane des abhängigen Merkmals aufgrund verschiedener Gruppenzugehörigkeiten signifikant voneinander unterscheiden (Kähler, 2002).

5 Ergebnisse

Im folgenden Abschnitt der Studie werden die statistischen Ergebnisse bezüglich der unter Abschnitt 3 formulierten Fragestellungen dargestellt. Unter Abschnitt 5.1 werden zunächst die Ergebnisse zu den explorativen Fragestellungen (E1-E5) erläutert, um dann unter Abschnitt 5.2.1 und 5.2.2 die Ergebnisse zur Hausaufgabenvergabe (HV1-HV4) bzw. Hausaufgabenadhärenz (HA1-HA7) zu beschreiben.

Sofern nicht anders angegeben wird bei teststatistischen Überprüfungen stets das zweiseitige Signifikanzniveau berichtet.

5.1 Explorative Fragestellungen

E1 - Wie häufig werden Hausaufgaben vereinbart?

Untersucht wurden 1413 einzelne Therapiesitzungen von denen in 1154 Sitzungen (81.7%) Hausaufgaben vereinbart wurden. In 250 Sitzungen (17.7%) wurde keine Hausaufgabe vereinbart. In 9 Sitzungen (0.6%) wurde keine Angabe gemacht.

Zur Betrachtung der Hausaufgabenvergabe innerhalb einer Therapie wurde für jeden Patienten die relative Häufigkeit der Hausaufgabenvergabe bezogen auf alle untersuchten Sitzungen errechnet. Im Mittel wurden für jeden Patienten in 83.4% der Sitzungen (M=.834, SD=.143) Hausaufgaben vereinbart. Während das Minimum bei 46% der Sitzungen liegt, gibt es auch Therapien in denen in jeder Stunde Hausaufgaben vergeben wurden. Folglich gibt es keinen Patienten mit dem nie Hausaufgaben vereinbart wurden. Zur Veranschaulichung der prozentualen Hausaufgabenvergabe pro Patient, wurde diese klassiert (Abbildung 3).

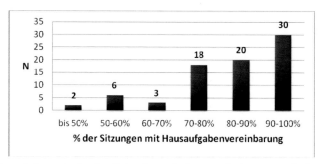

Abbildung 3: Prozentualer Anteil der Hausaufgabenvergabe bezogen auf alle Sitzungen pro Therapie (N=79)

Insgesamt wurden bei 30 Patienten (38%) in mehr als 90% der Sitzungen Hausaufgaben vereinbart, davon bei 15 Patienten (19%) sogar in jeder Therapiesitzung.

Da in den Fragestellungen zur Hausaufgabenadhärenz von Interesse ist, ob sich die Adhärenz in verschiedenen Phasen der Therapie unterscheidet, soll hier zusätzlich kurz beschrieben werden, wie die Hausaufgabenvergabe in den entsprechenden Therapiephasen aussah. Hierzu werden wie unter Abschnitt 4.4 dargestellt zwei unterschiedliche Therapiephaseneinteilungen genutzt.

In der Zwei-Phasen-Einteilung wird lediglich zwischen der Vergabe in den ersten beiden Therapiesitzungen (frühe Phase) und den restlichen Sitzungen unterschieden. Hierbei gingen 158 Sitzungen der frühen Phase und 1246 Sitzungen als restliche Sitzungen in die Berechnung ein. In den ersten beiden Sitzungen wurden in 81.6% Hausaufgaben vergeben, in den restlichen Sitzungen in 81.7%. Während bei vier Patienten (5.1%) in den ersten beiden Therapiesitzungen keine Hausaufgaben vergeben wurden, wurden bei 21 Patienten in einer und bei 54 Patienten in beiden Therapiesitzungen Hausaufgaben vergeben.

Betrachtet man die Hausaufgabenvergabe auf Basis der Drei-Phasen-Einteilung liegen für 63 Patienten die entsprechenden Daten vor (Tabelle 5).

Tabelle 5: Darstellung der Mittelwerte und Standardabweichungen für die phasenweise Hausaufgabenvergabe (Drei-Phasen-Einteilung) pro Therapie

	N	Minimum	Maximum	Mittelwert	Standardabweichung
Phase 1 (Stunde 1-8)	63	.40	1.00	.862	.158
Phase 2 (Stunde 9-16)	63	.25	1.00	.872	.176
Phase 3 Stunde (17-25)	63	.00	1.00	.745	.233

Es wird deutlich, dass in der zweiten Therapiephase am häufigsten Hausaufgaben vergeben wurden, in der dritten Therapiephase hingegen am wenigsten. Außerdem veränderte sich im Laufe der Therapie das Vergabeverhalten. Während in der frühen Phase jeder Patient in mindestens 40% der Sitzungen Hausaufgaben erhielt, gibt es Therapien in denen in der dritten Phase überhaupt keine Hausaufgaben mehr vergeben wurden.

Bei der Betrachtung unabhängig von den jeweiligen Patienten gehen Daten aus 380 Sitzungen für Phase eins, 387 Sitzungen für Phase zwei und 461 Sitzungen für Phase drei in die Berechnungen ein. Die höhere Anzahl Sitzungen in Phase drei ist dadurch zu erklären, dass in den frühen Therapiephasen häufiger mehrstündige Therapiesitzungen durchgeführt wurden und somit die Sitzungsanzahl geringer ist, als die tatsächliche Stundenanzahl. Die Häufigkeiten zur Hausaufgabenvergabe in den drei Phasen finden sich in Tabelle 6.

Tabelle 6: Häufigkeiten und prozentuale Anteile der phasenweise Hausaufgabenvergabe (Drei-Phasen-Einteilung) über alle Therapiesitzungen

	N	Hausaufgabenvergabe	Keine Hausaufgabenvergabe	Angabe fehlt
Phase 1 (Stunde 1-8)	380	328 (86.3%)	49 (12.9%)	3 (0.8%)
Phase 2 (Stunde 9-16)	387	339 (87.6%)	45 (11.6%)	3 (0.8%)
Phase 3 (Stunde 17-21)	461	346 (75.1%)	112 (24.3%)	3 (0.7%)

Ob die Unterschiede im Vergabeverhalten statistisch bedeutsam sind, wurde mithilfe des Chi-Quadrat-Tests überprüft. Dieser erbrachte ein hochsignifikantes Ergebnis (X^2(2)=30.04, p=.000). Somit wurden in den späteren Therapiestunden signifikant seltener Hausaufgaben vergeben, als in der mittleren oder frühen Phase.

E2 - Wie viele Hausaufgaben werden pro Therapiesitzung vereinbart?

Von den 1154 Therapiesitzungen in denen Hausaufgaben vereinbart wurden, wurde in 60.1% (n=693) lediglich eine Aufgabe vereinbart, während in 26.8% (n=309) der Sitzungen zwei Hausaufgaben und in 8.1% (n=93) sogar drei verschiedene Hausaufgaben vereinbart wurden. In den restlichen 59 Sitzungen (5.1%) wurde keine Angabe zur Aufgabenanzahl gemacht. Abbildung 4 veranschaulicht diesen Sachverhalt.

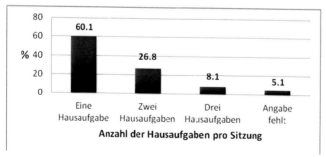

Abbildung 4: Prozentuale Anteile der Hausaufgabenanzahl über alle Therapiesitzungen mit Hausaufgabenvergabe (N=1154)

In den 1095 Sitzungen in denen eine Angabe zur Hausaufgabenanzahl vorhanden war, wurden also insgesamt 1590 einzelne Aufgaben vergeben.

E3 - Wie systematisch werden Hausaufgaben vergeben?

Von den 1154 untersuchten Sitzungen in denen eine Hausaufgabe vergeben wurde, wurden in 1104 Sitzungen Angaben zur Systematik der Vergabe gemacht (Tabelle 7).

Tabelle 7: Häufigkeiten und prozentuale Anteile der systematischen Hausaufgabenvergabe über alle Therapiesitzungen mit Hausaufgabenvergabe

	Häufigkeit	Prozent
grobe Aufgabe besprochen	726	62.9
konkrete Vereinbarung (Ort, Zeit etc.)	379	32.8
Hausaufgabenvergabe ohne Angabe zur Systematik	49	4.2
Gesamt	1154	100.0

Eine konkrete Vereinbarung mit Hinblick auf Ort und Zeit der Erledigung fand nur bei etwa einem Drittel der Hausaufgaben statt. Auch die Systematik der Hausaufgabenvergabe lässt sich patientenweise betrachten, indem die relativen Häufigkeiten der groben bzw. konkreten Hausaufgabenvergabe pro Patient ermittelt werden (Tabelle 8).

Tabelle 8: Darstellung der Mittelwerte und Standardabweichungen für die relative Anzahl konkret vereinbarter und grob vereinbarter Hausaufgaben pro Therapie

	N	Minimum	Maximum	Mittelwert	Standardabweichung
Konkret vereinbarte Aufgaben	79	.00	1.00	.320	.297
Grob vereinbarte Aufgaben	79	.00	1.00	.641	.301

Bei der Betrachtung der relativen Häufigkeiten fällt auf, dass es sowohl Therapien gibt in denen alle vergebenen Hausaufgaben nur grob besprochen wurden, also auch Therapien in denen alle Hausaufgaben konkret, also systematisch, vereinbart wurden. Von 59 Patienten bei denen in jeder Stunde Angaben zur Systematik der Vergabe gemacht wurden, also keine fehlenden Werte vorliegen, wurden bei elf Patienten alle Aufgaben nur grob besprochen, während bei vier Patienten sämtliche Hausaufgaben konkret vereinbart wurden.

Zusätzlich wurde überprüft, ob die Systematik in Abhängigkeit von der Anzahl der vergebenen Hausaufgaben variiert. Hierzu wurden 1076 Sitzungen betrachtet, in denen sowohl eine Angabe zur Systematik, also auch eine Angabe zur Hausaufgabenanzahl gemacht wurden. Tabelle 9 zeigt die zugehörige Kontingenztabelle.

Tabelle 9: Kontingenztabelle über die Systematik der Hausaufgabenvergabe und die Hausaufgabenanzahl aller Therapiesitzungen mit Hausaufgabenvergabe

| | | | Hausaufgabenanzahl | | | |
			1	2	3	Gesamt
Hausaufgaben-vergabe	grobe Aufgabe besprochen	Anzahl	478	186	36	700
		% von Anzahl	70.2%	61.4%	39.1%	65.1%
	konkrete Vereinba-rung	Anzahl	203	117	56	376
		% von Anzahl	29.8%	38.6%	60.9%	34.9%
	Gesamt	Anzahl	681	303	92	1076
		% von Anzahl	100.0%	100.0%	100.0%	100.0%

Aus der Kontingenztabelle ist ersichtlich, dass in den Fällen in denen nur eine Hausaufgabe vergeben wurde 29.8% der Aufgaben konkret vereinbart wurden, während bei zwei Hausaufgaben 38.6% konkret vereinbart wurden und bei drei Hausaufgaben sogar 60.9%. Ob diese Unterschiede statistisch bedeutsam sind, wurde mit dem Chi-Quadrat-Test überprüft. Der Unterschied in den Häufigkeitsverteilungen ist hochsignifikant (X^2(2)=36.895, p=.000): Je mehr Hausaufgaben vergeben wurden, desto häufiger wurden diese im Hinblick auf Zeit und Ort der Erledigung konkret vereinbart.

E4 - Welche Arten von Hausaufgaben werden vereinbart?

Von den 1 590 untersuchten Einzelaufgaben waren 749 kognitive Aufgaben (47.1%) und 841 behaviorale Aufgaben (52.9%). In den Therapiesitzungen in denen mehr als eine Hausaufgabe vereinbart wurde (N=402), wurden in 25.1% der Sitzungen (n=101) nur kognitive Aufgaben, in 26.5% (n=107) nur behaviorale Aufgaben und in 48.3% (n=194) beide Aufgabentypen vereinbart.

Es gab sowohl Therapien in denen nur kognitive Aufgaben vergeben wurden (n=3), als auch Therapien in denen ausschließlich behaviorale Aufgaben zum Einsatz kamen (n=2). Im Mittel waren innerhalb einer Therapie 55.45% der Aufgaben behavioraler Natur.

E5 - Wie häufig und in welchem Umfang werden Hausaufgaben erledigt?

In insgesamt 1001 Sitzungen (N=1154) wurden Angaben zur Erledigung der Hausaufgaben aus der vorherigen Sitzung gemacht, während in den restlichen 13.3% der Sitzungen (n=153) eine Angabe diesbezüglich fehlt (Tabelle 10).

Tabelle 10: Häufigkeiten und prozentuale Anteile der Hausaufgabenadhärenz über alle Therapiesitzungen mit Hausaufgabenvergabe

	Häufigkeit	Prozent	Gültige Prozente	Kumulierte Prozente
Nein	96	8.3	9.6	9.6
weniger als vereinbart	230	19.9	23.0	32.6
wie vereinbart	648	56.2	64.7	97.3
mehr als vereinbart	27	2.3	2.7	100.0
Gesamt	1001	86.7	100.0	
Angabe fehlt	153	13.3		
Gesamt	1154	100.0		

Für alle nachfolgenden Analysen wurde die Hausaufgabenerledigung dichotomisiert mit den Ausprägungen *nein* für nicht erledigte Hausaufgaben und *ja* für alle Hausaufgaben die zumindest teilweise erledigt wurden (*weniger als vereinbart, wie vereinbart* und *mehr als vereinbart*). Hieraus ergibt sich, dass von den 1001 Sitzungen in denen eine Angabe zur Erledigung gemacht wurde, in 9.6% der Fälle (*n*=96) die Hausaufgaben nicht erledigt wurden, während in den restlichen 90.4% der Sitzungen die Hausaufgaben mindestens teilweise erledigt wurden (*n*=905).

Betrachtet man die Adhärenz patientenweise wurden pro Therapie im Mittel 77.5% der Hausaufgaben erledigt (*M*=.775, *SD*=.183). Während in allen Therapien mindestens 33% der Hausaufgaben (zumindest teilweise) erledigt wurden, gab es ebenfalls Patienten die alle vereinbarten Hausaufgaben durchführten. Wie schon bei der Betrachtung der Hausaufgabenvergabe, lässt sich auch die Hausaufgabenadhärenz zur Veranschaulichung in Gruppen klassieren (Abbildung 5).

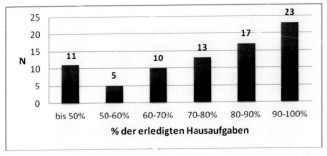

Abbildung 5: Prozentuale Anteile der erledigten Hausaufgaben bezogen auf alle Sitzungen mit Hausaufgabenvergabe pro Therapie (*N*=79)

Von den 23 Patienten bei denen die Hausaufgabenadhärenz über 90% lag, erledigten 13 Patienten jede vereinbarte Hausaufgabe.

5.2 Zusammenhänge zu klinischen und Prozessvariablen

Im folgenden Abschnitt erfolgt die Darstellung der teststatistischen Ergebnisse für die Unterschieds- und Zusammenhangsfragestellungen bezüglich der Hausaufgabenvergabe und Hausaufgabenadhärenz.

5.2.1 Hausaufgabenvergabe

HV1 - Unterscheidet sich die Häufigkeit der Hausaufgabenvergabe in Abhängigkeit von der Diagnose?

Zunächst wurde getestet, ob sich die Hausaufgabenvergabe von Patienten, die lediglich eine Diagnose erfüllten von denjenigen unterschied, die mehrere komorbide Diagnosen aufwiesen. Da die relative Hausaufgabenvergabe nicht normalverteilt ist, die Stichprobenumfänge jedoch hinreichend groß sind ($n1>30$ und $n2>30$), darf der t-Test für unabhängige Stichproben eingesetzt werden (s. Abschnitt 4.5). Während bei Patienten mit einer Diagnose ($n=43$) im Mittel in 81.54% ($M=.815, SD=.149$) der Sitzungen Hausaufgaben vergeben wurden, wurden bei Patienten mit komorbiden Diagnosen ($n=36$) im Durchschnitt in 85.61% der Sitzungen Hausaufgaben vereinbart ($M=.856, SD=.134$). Dieser Unterschied ist statistisch nicht bedeutsam ($T(77)=-1.265, p=.21$).

Zusätzlich wurden anhand der Erstdiagnose, unabhängig von den eventuell vorliegenden komorbiden Diagnosen, Diagnosegruppen gebildet. Die zugehörigen Häufigkeiten und die relative Häufigkeit der Hausaufgabenvergabe pro Gruppe finden sich in Tabelle 11.

Tabelle 11: Häufigkeiten und prozentuale Anteile der diagnostischen Gruppen, sowie gruppenspezifische Mittelwerte und Standardabweichungen der Hausaufgabenvergabe

	N	Prozent	Kumulierte Prozente	HausaufgabenvergabeMittelwert (SD)
Depressive Störungen	25	31,6	31,6	.841 (.160)
Angststörungen	33	41,8	73,4	.823 (.143)
Zwangsstörungen	10	12,7	86,1	.818 (.155)
Andere	11	13,9	100,0	.864 (.095)
Gesamt	79	100,0		

Da die einfaktorielle Varianzanalyse ein relativ robustes Testverfahren ist, konnte bei bestehender Varianzhomogenität (Levene-Test: $F(3, 75)= 1.017$, $p=.39$) trotz der Verletzung der Normalverteilungsannahme auf dieses Testverfahren zurückgegriffen werden. Allerdings wird die Varianzanalyse nicht signifikant ($F(3, 75)=0.284$, $p=.837$). Es kann folglich davon ausgegangen werden, dass die Anzahl der vergebenen Hausaufgaben in allen Diagnosegruppen in etwa gleich war.

HV2 - Unterscheidet sich die Art der vergebenen Hausaufgabe in Abhängigkeit von der Diagnose?

Um die Frage beantworten zu können, ob bei verschiedenen Diagnosen auch unterschiedliche Arten von Hausaufgaben zum Einsatz kommen, wurde eine einfaktorielle Varianzanalyse durchgeführt. Wie in der vorherigen Fragestellung wurde die Art der Erstdiagnose als Gruppenvariable eingesetzt. Das abhängige Merkmal war hierbei die relative Anzahl kognitiver Hausaufgaben innerhalb einer Therapie. Die Mittelwerte des abhängigen Merkmals für die verschiedenen Diagnosegruppen finden sich in Tabelle 12.

Tabelle 12: Darstellung der Mittelwerte und Standardabweichungen der relativen Anzahl kognitiver Hausaufgaben pro Diagnosegruppe

	N	Mittelwert	Standardabweichung
Depressive Störungen	25	.624	.222
Angststörungen	33	.325	.244
Zwangsstörungen	10	.286	.184
Andere	11	.548	.184

Da das abhängige Merkmal nicht normalverteilt ist, die Varianzhomogenität jedoch gegeben ist (Levene-Test: $F(3, 75)=0.503$, $p=.681$), kann davon ausgegangen werden, dass die Varianzanalyse als robustes Verfahren zur Beantwortung der Fragestellung zulässig ist. Der Gruppenvergleich erbringt ein hochsignifikantes Ergebnis ($F(3, 75)=10.997$, $p=.000$).

Um feststellen zu können welche Faktorstufen sich unterscheiden, wurde der Scheffé-Test als a-posteriori-Test eingesetzt (Tabelle 13).

Tabelle 13: Scheffé-Test mit der relativen Anzahl kognitiver Hausaufgaben als abhängige Variable

Erstdiagnose	Erstdiagnose	Mittlere Differenz	Standardfehler	Signifikanzniveau
Depressive Störung	Angststörung	.29943**	.05928	.000
	Zwangsstörung	.33816**	.08366	.002
	Andere	.07620	.08090	.828
Angststörung	Depressive Störung	-.29943**	.05928	.000
	Zwangsstörung	.03874	.08071	.972
	Andere	-.22322*	.07784	.049
Zwangsstörung	Depressive Störung	-.33816**	.08366	.002
	Angststörung	-.03874	.08071	.972
	Andere	$-.26196^m$	.09769	.075
Andere	Depressive Störung	-.07620	.08090	.828
	Angststörung	.22322*	.07784	.049
	Zwangsstörung	$.26196^m$	.09769	.075

$^m p<.10.$ $*p<.05.$ $**p<.01.$

Bei depressiven Störungen wurden signifikant häufiger kognitive Hausaufgaben vergeben, als bei Angst- oder Zwangsstörungen (p=.000 bzw. p=.002). Außerdem wurden für die heterogene Restkategorie signifikant mehr kognitive Aufgaben eingesetzt als bei Angststörungen (p=.049) und tendenziell auch mehr als bei Zwangsstörungen (p=.075). Depressive Störungen und andere Störungen unterscheiden sich nicht und auch zwischen Zwangsstörungen und Angststörungen besteht kein Unterschied in der Häufigkeit der Vergabe kognitiver Hausaufgaben. Da eine zweite Varianzanalyse mit der relativen Anzahl behavioraler Hausaufgaben zu einem genau entgegengesetzten Ergebnis kommt, wird diese hier aus Platzgründen nicht ausführlich dargestellt (Anhang C).

Abschließend lässt sich sagen, dass bei depressiven Störungen und anderen Störungen häufiger kognitive Hausaufgaben eingesetzt wurden und bei Zwangs- und Angststörungen häufiger Aufgaben behavioraler Natur.

HV3 - Besteht ein Zusammenhang zwischen der Häufigkeit der Hausaufgabenvergabe und der Therapiedauer?

Um die Frage zu beantworten, ob zwischen der Häufigkeit der Hausaufgabenvergabe und der Therapiedauer ein Zusammenhang besteht, wurden nur bereits regulär abgeschlossene Therapien betrachtet (N=35). In dieser Gruppe lag die relative Häufigkeit der Hausaufgabenvergabe bei 80.85% (M=.809, SD=.154). Die Korrelation zwischen der Anzahl der Therapiestunden und der relativen Häufigkeit der Hausaufgabenvergabe innerhalb der Therapie wird nicht signifikant (*r*=.034, *p*=.847). Es besteht also kein Zusammenhang zwischen der Häufigkeit der Hausaufgabenvergabe und der Therapiedauer.

<u>HV4 - Besteht ein Zusammenhang zwischen der Häufigkeit der Hausaufgabenvergabe und dem Therapieerfolg?</u>

<u>Hypothese</u>: Es besteht ein positiver Zusammenhang zwischen der Häufigkeit der Hausaufgabenvergabe und dem Therapieerfolg.

Zur Fragestellung nach dem Zusammenhang zwischen Hausaufgabenvergabe und Therapieerfolg konnte im Vorfeld eine begründete gerichtete Hypothese generiert werden, so dass im Folgenden nicht das zweiseitige Signifikanzniveau, sondern das einseitige Signifikanzniveau für den Inferenzschluss verwendet wurde. Zur Einschätzung des Therapieerfolgs wurden drei verschiedene Maße herangezogen, mit denen jeweils eine Berechnung zur Beantwortung der Fragestellung durchgeführt wurde (vgl. Abschnitt 4.3.3):

a) Die Differenz zwischen dem Prä- und dem Verlaufswert im GSI (SCL-90-R nach der 15. Therapiestunde) für alle Patienten.

b) Die Differenz zwischen dem Prä- und dem Post-Wert im GSI (SCL-90-R nach Therapieende) für alle regulär abgeschlossenen Therapien.

c) Der CGI-I aus der jeweiligen Postdiagnostik für alle regulär beendeten Therapien.

GSI (SCL-90-R)

In Tabelle 14 sind Mittelwerte und Standardabweichungen der GSI-Werte und der Differenzbildungen dargestellt.

Tabelle 14: Darstellung der Mittelwerte und Standardabweichungen der GSI-Ausrägungen und Differenzbildungen zu verschiedenen Messzeitpunkten (Prä-, 1. Verlaufs- und Postdiagnostik)

	N	Minimum	Maximum	Mittelwert	Standardabweichung
GSI: Prä-Messung	79	.11	3.01	.993	.584
GSI: Verlaufsmessung	72	.02	2.14	.795	.551
Differenz (Prä-Verlauf)	72	-1.45	1.49	.167	.449
GSI: Post-Messung	34	.02	2.06	.511	.485
Differenz (Prä-Post)	34	-.06	1.12	.335	.306

Nicht alle Patienten haben nach der Verlaufs- oder Postdiagnostik eine niedrigere Symptombelastung als vor der Therapie. Während 25 Patienten sich bis zur Verlaufsdiagnostik nach Therapiestunde 15 nicht verbessert oder verschlechtert hatten, zeigten 47 Patienten eine Verbesserung (*N*=72). Bei den abgeschlossenen Therapien (*N*=34) zeigt sich für 32 Patienten eine Verbesserung im GSI, während zwei Patienten keine Veränderung oder eine Verschlechterung der Werte aufweisen. Bei der Bewertung dieser Angaben ist zu berücksichtigen, dass hier lediglich numerische Differenzen gebildet wurden, was nicht bedeutet, dass die Verbesserung oder Verschlechterung auch klinisch bedeutsam war.

Die Frage, ob die Häufigkeit der Hausaufgabenvergabe mit dem Therapieergebnis zusammenhängt, kann aufgrund der intervallskalierten Merkmale mittels einer Korrelation berechnet werden. Für die Berechnung des Zusammenhangs zu den Werten der Verlaufsdiagnostik wurde nur die Hausaufgabenvergabe derjenigen Sitzungen einbezogen, die auch tatsächlich vor der Verlaufsmessung stattgefunden hatten (alle Sitzungen vor Therapiestunde 15). Weder zwischen der Hausaufgabenvergabe und der Veränderung im GSI nach Sitzung 15 ($N=72$, $r=.131$, $p=.136$ [einseitig]), noch zwischen der Hausaufgabenvergabe und der Veränderung im GSI nach Beendigung der Therapie ($N=34$, $r=-.044$, $p=.806$) bestehen signifikante Zusammenhänge. Aufgrund der negativen Korrelation wird das Ergebnis zum Zusammenhang mit den Postwerten mit dem zweiseitigen Signifikanzniveau berichtet.

Somit kann die Hypothese, dass ein positiver Zusammenhang zwischen der Häufigkeit der Hausaufgabenvergabe und dem Therapieerfolg (als Veränderung im GSI) besteht, nicht akzeptiert werden.

CGI-I

Tabelle 15 zeigt die Häufigkeiten der Ausprägungen im CGI-I für alle regulär abgeschlossenen Therapien.

Tabelle 15: Häufigkeiten und prozentuale Anteile der CGI-I-Ausprägungen für alle abgeschlossenen Therapien

CGI-I	Häufigkeit	Prozent	Gültige Prozente	Kumulierte Prozente
sehr stark verbessert	15	42.9	50.0	50.0
deutlich verbessert	13	37.1	43.3	93.3
leicht verbessert	2	5.7	6.7	100.0
Gesamt	30	85.7	100.0	
Keine Einschätzung oder Angabe fehlt	5	14.3		
Gesamt	35	100.0		

Da der CGI-I als weiteres Messinstrument des Therapieerfolgs nominalskaliert ist, war die Berechnung des Zusammenhangs mit der Hausaufgabenvergabe nicht über eine Korrelation möglich. Deshalb wurde ein Gruppenvergleich zwischen den CGI-I-Gruppen durchgeführt, um zu überprüfen, ob erfolgreiche Patienten mehr Hausaufgaben bekommen hatten, als weniger erfolgreiche Patienten. Aufgrund der kleinen Gruppengröße (*n=2*) für die *leicht verbesserten* Patienten, wurden nur die Gruppen *deutlich verbessert* und *sehr stark verbessert* miteinander verglichen. Die deutlich verbesserten Patienten haben im Durchschnitt in 79.88% der Sitzungen Hausaufgaben bekommen (*M=*.799, *SD=*.171), während bei den sehr stark verbesserten Patienten im Mittel in 81.87% der Sitzungen Hausaufgaben vergeben wurden (*M=*.819, *SD=*.134)

Da ein t-Test für unabhängige Stichproben aufgrund der Verletzung der Normalverteilungsannahme (Hausaufgabenvergabe) und der geringen Fallzahlen (*n1*<30 und *n2*<30) nicht zulässig ist, wurde ein U-Test als parameterfreies Verfahren gewählt (s. Abschnitt 4.5). Der U-Test erbringt kein signifikantes Ergebnis (*U=*97.0, *p=*.491 [einseitig]), so dass davon ausgegangen werden kann, dass der Unterschied in der Hausaufgabenhäufigkeit zwischen den beiden Gruppen nicht bedeutsam ist. Auch dieses Ergebnis kann die Hypothese, dass eine häufigere Hausaufgabenvergabe mit einem besseren Therapieergebnis in Zusammenhang steht, folglich nicht bestätigen.

HV5: Ist die Diagnose ein Moderator des Zusammenhangs zwischen der Häufigkeit der Hausaufgabenvergabe und dem Therapieerfolg?

Hypothese: Die Korrelation zwischen der Häufigkeit der Hausaufgabenvergabe und dem Therapieerfolg ist bei depressiven Störungen höher als bei Angststörungen.

Zunächst wurde getestet, ob die Anzahl der Diagnosen (eine vs. mehrere) einen Einfluss auf die Korrelation zwischen der Hausaufgabenvergabe und dem Therapieergebnis ausübt. Hierzu wurde für beide Gruppen die relative Hausaufgabenvergabe bis zur 15. Therapiestunde mit der Veränderung im GSI bis zur ersten Verlaufsmessung korreliert (Tabelle 16). In einem zweiten Schritt wurde zudem bei allen abgeschlossenen Therapien die Hausaufgabenvergabe aller Stunden mit der Veränderung im GSI bis zur Post-Messung korreliert (Tabelle 17).

Tabelle 16: Korrelationen der Hausaufgabenvergabe (bis Std. 15) mit der Veränderung im GSI bis zur Verlaufsmessung für Patienten mit einer und mehreren Diagnosen

	N	Korrelation	Signifikanzniveau
Eine Diagnose	39	.307^m	.057
Mehrere Diagnosen	33	-.048	.791

^{m}p<.10.

74

Tabelle 17: Korrelationen der Hausaufgabenvergabe mit der Veränderung im GSI bis zur Postmessung für Patienten mit einer und mehreren Diagnosen

	N	Korrelation	Signifikanzniveau
Eine Diagnose	24	.316	.312
Mehrere Diagnosen	10	-.523	.120

Auch wenn keine der Korrelationen statistisch signifikant wird, lässt sich für die Gruppe der Patienten mit nur einer Diagnose zumindest in der Verlaufsmessung eine Tendenz erkennen. Hier scheint die Häufigkeit der Hausaufgabenvergabe einen tendenziell positiven Einfluss auf das Therapieergebnis im GSI zu haben. Auffällig ist außerdem, dass die Korrelationen für Patienten mit mehreren Diagnosen negative Werte annehmen. Während die Korrelation in der Verlaufsmessung praktisch unbedeutend ist ($r=-.048$), nimmt die Korrelation für die Postmessung einen deutlich negativen Wert an ($r=-.523$) ohne jedoch statistische Signifikanz zu erreichen. Dennoch muss aufgrund der statistischen Ergebnisse davon ausgegangen werden, dass die Anzahl der Diagnosen kein Moderator des Zusammenhangs zwischen der Hausaufgabenadhärenz und dem Therapieerfolg ist.

Um die Hypothese zu testen, dass die Hausaufgabenadhärenz bei depressiven Patienten einen größeren Einfluss auf das Therapieergebnis hat, als bei Patienten mit Angststörungen, wurden nur Patienten mit einer Diagnose in die Berechnung einbezogen, um einen Einfluss komorbider Störungen auf das Ergebnis auszuschließen. Für die Berechnung mit der durchschnittlichen Adhärenz bis Stunde 25, musste zusätzlich gegeben sein, dass bereits eine zweite Verlaufsdiagnostik (nach Therapiestunde 30) oder die Postdiagnostik durchgeführt wurde. Hier wurden also nicht nur abgeschlossene Therapien betrachtet, sondern auch laufende Therapien, bei denen neben der Verlaufsmessung nach Stunde 15 mindestens eine weitere Diagnostik stattgefunden hatte. Dieses Vorgehen wurde gewählt, um die Stichprobenumfänge möglichst groß zu halten.

Bei Patienten mit reinen depressiven Störungen ($N=15$) wurden im Mittel in 81.42% der Sitzungen vor Therapiestunde 15 Hausaufgaben vergeben ($M=.814$, $SD=.159$) und in 82.03% aller erfassten Sitzungen ($M=.820$, $SD=.172$). Bei Patienten mit Angststörungen ($N=19$) wurden in 80.49% der Sitzungen vor der Verlaufsdiagnostik Hausaufgaben vergeben ($M=.805$, $SD=.172$) und in 79.64% der Sitzungen bis zur Therapiestunde 25 ($M=.796$, $SD=.156$). Patienten mit Angststörungen und depressive Patienten unterscheiden sich nicht signifikant in der Anzahl vergebener Hausaufgaben bis zur 15. Therapiestunde ($U=140.0$, $p=.930$) oder bis zur 25. Therapiestunde ($U=122.5$, $p=.487$). Die Korrelationen zwischen der Hausaufgabenvergabe und der Veränderung im GSI werden in Tabelle 18 (Verlaufsmessung) und Tabelle 19 (letzte verfügbare Diagnostik) dargestellt.

Tabelle 18: Korrelationen der Hausaufgabenvergabe (bis Std. 15) mit der Veränderung im GSI bis zur Verlaufsmessung für depressive und ängstliche Patienten

	N	Korrelation	Signifikanzniveau
Depressive Störungen	13	$.497^{m}$	.084
Angststörungen	18	.089	.725

$^{m}p<.10.$

Tabelle 19: Korrelationen der Hausaufgabenvergabe mit der Veränderung im GSI bis zur letzten verfügbaren Diagnostik für depressive und ängstliche Patienten

	N	Korrelation	Signifikanzniveau
Depressive Störungen	8	.119	.779
Angststörungen	12	-.027	.935

Die Korrelationen zwischen der Hausaufgabenvergabe und dem Therapieergebnis für die depressiven Störungen fallen höher aus, als die Korrelationen für die Angststörungen, erreichen jedoch keine statistische Signifikanz. Die Ergebnisse weisen lediglich für die Veränderung zur Verlaufsmessung darauf hin, dass der Zusammenhang zwischen der Hausaufgabenvergabe und dem Therapieergebnis bei depressiven Störungen tendenziell höher ist, als bei Angststörungen. Dieser Unterschied findet sich allerdings nicht mehr in den Korrelationen mit den späteren GSI-Werten.

Aufgrund der kleinen Stichprobenumfänge und der Tatsache, dass die Korrelationen keine statistische Signifikanz erreichen, kann nicht davon ausgegangen werden, dass der Hausaufgabeneinsatz bei depressiven Störungen einen größeren Einfluss auf das Therapieergebnis hat, als bei Angststörungen.

5.2.2 Hausaufgabenadhärenz

HA1 - Welche Patientencharakteristika oder Hausaufgabenmerkmale beeinflussen die Hausaufgabenadhärenz?

Hypothese: Systematisch vergebene Hausaufgaben werden häufiger erledigt, als unsystematisch vergebene Hausaufgaben.

Als mögliche Moderatoren der Hausaufgabenadhärenz auf Seiten der Patienten wurden das Alter, die Schwere der Erkrankung und die Diagnose untersucht. Das Alter der Patienten sowie die Schwere der Erkrankung (erfasst über den GSI-Wert vor Beginn der Therapie) wurden aufgrund des Intervallskalenniveaus der Merkmale mit der Hausaufgabenadhärenz korreliert ($N=79$). Weder für das Alter der Patienten ($r=.125$, $p=.272$), noch für die Schwere der Erkrankung als anfängliche Symptombelastung im GSI ($r=.058$, $p=.613$) ergaben sich signifikante Korrelationen. Als zweiter Indikator für die Schwere der Erkrankung wurde der CGI-S verwendet (Tabelle 20).

Tabelle 20: Häufigkeiten und prozentuale Anteile der CGI-S-Ausprägungen für alle Patienten

	Häufigkeit	Prozent	Gültige Prozente	Kumulierte Prozente
keine Einschätzung	1	1.3	1.3	1.3
ein Grenzfall psychischer Erkrankung	4	5.1	5.1	6.4
leicht psychisch krank	8	10.1	10.3	16.7
mäßig psychisch krank	19	24.1	24.4	41.0
deutlich psychisch krank	33	41.8	42.3	83.3
schwer psychisch krank	12	15.2	15.4	98.7
extrem schwer psychisch krank	1	1.3	1.3	100.0
Gesamt	78	98.7	100.0	
Keine Angabe vorhanden	1	1.3		
Gesamt	79	100.0		

Aufgrund der geringen Häufigkeiten, wurden die Ausprägungen *ein Grenzfall psychischer Erkrankung* und *leicht psychisch krank* zusammengefasst, ebenso wie die Ausprägungen *schwer psychisch krank* und *extrem schwer psychisch krank* (Tabelle 21).

Tabelle 21: Häufigkeiten und prozentuale Anteile der CGI-S-Ausprägungen nach der Gruppierung

	Häufigkeit	Prozent	Gültige Prozente	Kumulierte Prozente
Grenzfall/leicht psychisch krank	12	15.6	15.6	15.6
Mäßig psychisch krank	19	24.7	24.7	40.3
Deutlich psychisch krank	33	42.9	42.9	83.1
Schwer/Extrem psychisch krank	13	16.9	16.9	100.0
Gesamt	77	100.0	100.0	

Um zu überprüfen, ob die Schwere der Erkrankung im CGI-S einen Einfluss auf die Hausaufgabenadhärenz hat, wurde aufgrund der Verletzung der Normalverteilungsannahme (Hausaufgabenadhärenz) und der Varianzheterogenität (Levene-Test: $F(3, 73)=3.507$, $p=.019$) anstelle einer Varianzanalyse der H-Test von Kruskal-Wallis durchgeführt. Dieser kommt allerdings nicht zu einem signifikanten Ergebnis ($H=.545$, $p=.909$), so dass davon auszugehen ist, dass die Schwere der Erkrankung im CGI-S keinen Einfluss auf die Hausaufgabenadhärenz hatte.

Als weitere mögliche Einflussgröße auf die Adhärenz wurde die Diagnose getestet. Wie schon bei der Hausaufgabenvergabe (s. Abschnitt 5.2.1) wurde zum Einen die Anzahl der Diagnosen (eine vs. mehrere) und zum Anderen die Art der Erstdiagnose (unabhängig von bestehenden komorbiden Diagnosen) als Moderator getestet. Dies geschah mittels eines t-Tests für unabhängige Stichproben bzw. mittels Varianzanalyse, da hier Varianzhomogenität bestand (Levene-Test: $F(3, 75)=1.062$, $p=.370$). Weder das Vorhandensein mehrerer Diagnosen ($T(77)=$ $.877$, $p=.383$), noch die Art der Erstdiagnose ($F(3, 75)=.771$, $p=.514$) hatten einen Einfluss auf die Hausaufgabenadhärenz.

Als Hausaufgabenmerkmale, die einen Einfluss auf die Adhärenz haben könnten, wurden die Art der Hausaufgabe (kognitiv vs. behavioral), die Systematik der Vergabe (grob besprochen vs. konkret vereinbart) und die Anzahl der Hausaufgaben pro Therapiesitzung getestet. Für die Art der Hausaufgabenvergabe wurden lediglich Sitzungen einbezogen in denen nur eine Hausaufgabe vergeben wurde ($n=693$) oder Sitzungen in denen mehrere Hausaufgaben desselben Typs vergeben wurden ($n=208$).

Aufgrund des Nominalskalenniveaus der Merkmale wurde jeweils ein Chi-Quadrat-Test durchgeführt. Die Ergebnisse finden sich in Tabelle 22.

Tabelle 22: Ergebnisse der Chi-Quadrat-Tests zum Zusammenhang zwischen den Hausaufgabenmerkmalen und der Hausaufgabenadhärenz

	Anzahl der gültigen Fälle	Chi-Quadrat	Freiheitsgrade	Signifikanzniveau
Art der Hausaufgabe	770	1.534	1	.215
Systematik der Vergabe	957	1.224	1	.269
Anzahl der Hausaufgaben	946	14.14**	2	.001

** $p<=0.01$

Die Art der Hausaufgabe und die Systematik der Vergabe hatten keinen Einfluss auf die Hausaufgabenadhärenz. Somit kann die Hypothese, dass konkret vereinbarte Hausaufgaben eher erledigt werden als grob besprochene Hausaufgaben nicht bestätigt werden. Außerdem werden kognitive Aufgaben genauso häufig erledigt wie behaviorale Aufgaben. Chi-Quadrat wird lediglich für die Anzahl der Hausaufgaben signifikant ($p=.001$), so dass sich hier ein Blick in die zugehörige Kontingenztabelle lohnt (Tabelle 23; Kontingenztabellen für Art und Systematik s. Anhang D und E).

Tabelle 23: Kontingenztabelle über die Hausaufgabenadhärenz und die Hausaufgabenanzahl aller Sitzungen mit Hausaufgabenvergabe

			Hausaufgabenanzahl			
			1	2	3	Gesamt
Hausaufgaben-adhärenz	Hausaufgabe nicht erledigt	Anzahl	71	17	2	90
		% von Anzahl	12.2%	6.1%	2.2%	9.5%
	Hausaufgabe erledigt	Anzahl	509	260	87	856
		% von Anzahl	87.8%	93.9%	97.8%	90.5%
	Gesamt	Anzahl	580	277	89	946
		% von Anzahl	100.0%	100.0%	100.0%	100.0%

Aus Tabelle 24 wird ersichtlich, dass vor allem dann Hausaufgaben erledigt wurden, wenn mehrere Hausaufgaben vereinbart wurden.

Insgesamt hatte von den sechs getesteten Moderatorvariablen nur die Anzahl der Hausaufgaben pro Therapiesitzung einen Einfluss auf die Hausaufgabenadhärenz.

HA2 - Unterscheidet sich die Hausaufgabenadhärenz in Abhängigkeit von der Therapiephase?

Ob sich die Hausaufgabenadhärenz in Abhängigkeit von der Therapiephase unterscheidet, wurde für die Drei-Phasen-Einteilung anhand eines Chi-Quadrat-Tests überprüft. Für Therapiephase 1 (Therapiestunde 1-8) gingen 295 Sitzungen in die Berechnung ein, für die zweite Phase (Therapiestunde 9-16) 300 Sitzungen und für die letzte Phase (Therapiestunde 17-25) wurden 280 Sitzungen einbezogen. In allen Therapiephasen wurden mehr als 90% der Aufgaben zumindest teilweise erledigt (Phase1: 91.5%; Phase2: 93.3%; Phase3: 90.4%). Die Hausaufgabenadhärenz in den drei Therapiephasen unterschied sich nicht signifikant voneinander ($X^2(2)=1.734$, $p=.420$).

HA3 - Besteht ein Zusammenhang zwischen der durchschnittlichen Hausaufgabenadhärenz und der Therapiedauer?

Ob die durchschnittliche Hausaufgabenadhärenz eines Patienten einen Zusammenhang zur Dauer der Therapie zeigt, konnte nur für diejenigen Patienten berechnet werden, deren Therapie bereits abgeschlossen war ($N=35$). Hierzu wurde eine Korrelation nach Pearson berechnet. Es zeigte sich kein Zusammenhang zwischen der Hausaufgabenadhärenz und der Therapiedauer ($r=-.025$, $p=.889$).

HA4 - Besteht ein Zusammenhang zwischen der durchschnittlichen Hausaufgabenadhärenz und dem Therapieerfolg?

Hypothese: Es besteht ein positiver Zusammenhang zwischen der durchschnittlichen Hausaufgabenadhärenz und dem Therapieerfolg.

Bezüglich des Zusammenhangs zwischen der Hausaufgabenadhärenz und der Veränderung im GSI wurden zwei verschiedene Korrelationen berechnet. Im Folgenden wird das einseitige Signifikanzniveau angegeben, da eine begründete Hypothese über die Richtung des Zusammenhangs vorliegt. Zum Einen wurde für alle Patienten untersucht, ob die Hausaufgabenadhärenz bis zur 15. Therapiestunde mit der Veränderung im GSI (Prä-Verlaufsdiagnostik) zusammenhängt. Zum Anderen wurde für alle regulär abgeschlossenen Therapien untersucht, ob die Adhärenz über die erfassten 25 Therapiestunden mit der Veränderung im GSI von der Eingangsdiagnostik bis zum Therapieende in Verbindung steht. Weder für die Verlaufsdiagnostik ($r=.000$, $p=.498$ [einseitig]), noch für die Veränderung bis zur Post-Diagnostik ($r=.067$, $p=.352$ [einseitig]) konnte ein signifikanter Zusammenhang zur Hausaufgabenadhärenz gefunden werden.

Desweiteren wurde der Therapieerfolg mithilfe der CGI-I für alle bereits abgeschlossenen Therapien eingeschätzt. Da dieser wie bereits unter Abschnitt 5.2.1 erläutert (vgl. HV4) nominalskaliert ist, wurde auch hier ein Gruppenvergleich der CGI-I-Gruppen vorgenommen um die Frage zu beantworten, ob erfolgreichere Patienten auch tatsächlich mehr Hausaufgaben erledigt hatten, als weniger erfolgreiche Patienten. Während die sehr stark verbesserten Patienten ($n=15$) durchschnittlich 74.86% ($M=.749$, $SD=.144$) ihrer Hausaufgaben erledigten, zeigte sich bei den deutlich verbesserten Patienten ($n=13$) eine mittlere Hausaufgabenadhärenz von 83.45% ($M=.835$, $SD=.171$). Schon aus den Mittelwerten wird ersichtlich, dass die sehr stark verbesserten Patienten entgegen der Erwartungen weniger Hausaufgaben durchgeführt hatten, als die deutlich verbesserten Patienten, so dass die Hypothese, dass erfolgreichere Patienten mehr Hausaufgaben erledigt haben bereits ohne Signifikanztest verworfen werden muss. Deshalb wird im Folgenden das zweiseitige Signifikanzniveau berichtet. Der Unterschied in den Mittelwerten der beiden Erfolgsgruppen wird nicht signifikant ($U=63.0$, $p=.111$).

HA5 - Unterscheiden sich die Korrelationen zwischen der frühen Adhärenz (Sitzung 1-2) und der Adhärenz in Sitzung 3-15 (bzw. 3-25) und dem Therapieerfolg?

Um zu untersuchen, ob sich die Korrelation zwischen der frühen Hausaufgabenadhärenz in Sitzung 1-2 und dem Therapieerfolg von der Korrelation mit der Adhärenz nach der dritten Sitzung und dem Therapieerfolg unterscheidet, wurden zwei verschiedene Ansätze gewählt. Zum

Einen wurde zur Messung des Therapieerfolgs der GSI aus der Verlaufsdiagnostik verwendet und mit der durchschnittlichen Hausaufgabenadhärenz in den Sitzungen 3-15 korreliert. Zum Andere wurde eine Korrelation mit der postdiagnostischen Ausprägung des GSI und der Adhärenz zwischen Sitzung 3 und 25 vorgenommen. Tabelle 24 zeigt die entsprechenden Korrelationen.

Tabelle 24: Korrelationen der phasenweisen Hausaufgabenadhärenz (Zwei-Phasen-Einteilung) mit der Veränderung im GSI bis zur Verlaufs- und Postdiagnostik

		N	Korrelation	Signifikanzniveau
Adhärenz : Sitzung 1-2	Veränderung im GSI Prä-Verlauf	69	-.147	.227
Adhärenz: Sitzung 1-2	Veränderung im GSI Prä-Post	33	-.139	.441
Adhärenz: Sitzung 3-15	Veränderung im GSI Prä-Verlauf	71	.086	.477
Adhärenz: Sitzung 3-25	Veränderung im GSI Prä-Post	33	.109	.547

Interessanterweise, fallen die Korrelation der frühen Adhärenz mit dem Therapieerfolg im GSI in beiden Fällen in den negativen Bereich, so dass eine niedrigere Hausaufgabenadhärenz in den ersten beiden Therapiesitzungen mit einer stärkeren symptomatischen Verbesserung einhergeht. Da sämtliche Korrelationen aber sehr klein sind und keine signifikanten Ergebnisse erbringen, muss davon ausgegangen werden, dass weder die frühe Adhärenz noch die Adhärenz zwischen Sitzung 3-15 (bzw. 3-25) einen Einfluss auf das Therapieergebnis hat.

HA6 – Unterscheiden sich die Korrelation zwischen der frühen (Therapiestunde 1-8), mittleren (Therapiestunde 9-16) und späten Adhärenz (Therapiestunde 17-25) und dem Therapieerfolg?

Auch für die Drei-Phasen-Einteilung wurde überprüft, ob sich die Zusammenhänge zwischen der Adhärenz und dem Therapieerfolg aufgrund der Therapiephase unterscheiden. Hierfür konnten nur die Patienten einbezogen werden, die an mindestens 20 Therapiestunden teilgenommen hatten (s. Abschnitt 4.4) und nach der Eingangsdiagnostik zu mindestens zwei weiteren Zeitpunkten den SCL-90-R ausgefüllt hatten (nach Therapiestunde 30 oder später). Als Indikator des Therapieerfolgs wurde die Differenz des Prä-GSI-Wertes und des letzten verfügbaren GSI-Wertes verwendet. Die Korrelationen der phasenweisen Hausaufgabenadhärenz mit dem Therapieerfolg finden sich in Tabelle 25.

Tabelle 25: Korrelationen der phasenweisen Hausaufgabenadhärenz (3-Phasen-Einteilung) mit der Veränderung im GSI bis zur letzten verfügbaren Diagnostik

	N	Korrelation	Signifikanzniveau
Adhärenz Phase 1	38	.091	.586
Adhärenz Phase 2	38	.111	.507
Adhärenz Phase 3	38	-.004	.983

Keine der Korrelationen weist einen signifikanten Zusammenhang mit dem Therapieerfolg auf.

HA7 - Ist die Diagnose ein Moderator des Zusammenhangs zwischen der durchschnittlichen Hausaufgabenadhärenz und dem Therapieerfolg?

Zunächst wurde getestet, ob die Anzahl der Diagnosen (eine vs. mehrere) einen Einfluss auf die Korrelation zwischen Adhärenz und Therapieergebnis (sowohl Verlaufsmessung, als auch Postdiagnostik) ausübt. Bei Patienten mit einer Diagnose zeigt sich weder ein signifikanter Zusammenhang zwischen der Adhärenz der ersten 15 Therapiestunden und der Veränderung im GSI von der Eingangsdiagnostik zur Verlaufsdiagnostik ($N=39$, $r=.213$, $p=.193$) noch zeigt sich ein signifikanter Zusammenhang zwischen der Adhärenz über alle erfassten Therapiestunden und der Veränderung im GSI bis zur Messung nach Therapieende bei den abgeschlossenen Therapien ($N=24$, $r=.294$, $p=.164$). Auch bei Patienten mit mehreren Diagnosen lassen sich keine signifikanten Zusammenhänge feststellen (Verlauf: $N=33$, $r=-.212$, $p=.236$; Post: $N=10$, $r=-.410$, $p=.240$). Obwohl auffällt, dass die Korrelationen für Patienten mit mehreren Diagnosen negative Werte annehmen und die Korrelationen für die Patienten mit nur einer Diagnose positive Werte, kann aufgrund der niedrigen Korrelationen und der Tatsache, dass keines der Ergebnisse signifikant wird, nicht davon ausgegangen werden, dass die Anzahl der Diagnosen den Zusammenhang zwischen Adhärenz und Therapieoutcome moderiert.

Um die Hypothese zu testen, dass die Hausaufgabenadhärenz bei depressiven Patienten einen größeren Einfluss auf das Therapieergebnis hat, als bei Patienten mit Angststörungen, wurden nur Patienten mit einer Diagnose in die Berechnung einbezogen, um einen Einfluss komorbider Störungen auf das Ergebnis auszuschließen. Für die Berechnung mit der durchschnittlichen Adhärenz bis Stunde 25, musste zusätzlich gegeben sein, dass mindestens eine zweite Verlaufsdiagnostik (nach Therapiestunde 30 oder später) oder die Postdiagnostik durchgeführt wurde.

Patienten mit reinen depressiven Störungen ($N=15$) erledigten im Mittel 79.85% der vergebenen Hausaufgaben vor Therapiestunde 15 ($M=.778$, $SD=.195$) und 77.82% der Hausaufgaben in allen erfassten Therapiestunden ($M=.778$, $SD=.187$). Patienten mit Angststörungen ($N=19$) erledigten 75.09% der Hausaufgaben bis zur 15. Therapiestunde ($M=.751$, $SD=.163$) und

72.97% bis zur Therapiestunde 25 (*M*=.730, *SD*=.170). Patienten mit Angststörungen und depressive Patienten unterschieden sich nicht signifikant in der Erledigung ihrer Hausaufgaben bis zur 15. Therapiestunde (*U*=111.5, *p*=.279) oder in der gesamten Erledigung (*U*=118.5, *p*=.405). Die Korrelationen zwischen der Hausaufgabenadhärenz und der Veränderung im GSI für die beiden diagnostischen Gruppen finden sich in Tabelle 26 (Verlaufsmessung) und Tabelle 27 (letzte verfügbare Diagnostik).

Tabelle 26: Korrelationen der Hausaufgabenadhärenz (bis Std. 15) mit der Veränderung im GSI bis zur Verlaufsdiagnostik für depressive und ängstliche Patienten

	N	Korrelation	Signifikanzniveau
Depressive Störungen	13	.354	.117
Angststörungen	18	-.032	.450

Tabelle 27: Korrelationen der Hausaufgabenadhärenz mit der Veränderung im GSI bis zur letzten verfügbaren Diagnostik für depressive und ängstliche Patienten

	N	Korrelation	Signifikanzniveau
Depressive Störungen	8	.486	.111
Angststörungen	12	.163	.307

Die Korrelationen zwischen der Hausaufgabenadhärenz und dem Therapieergebnis für die depressiven Störungen fallen höher aus, als die Korrelationen für die Angststörungen, erreichen allerdings keine statistische Signifikanz. Somit kann trotz erster Hinweise durch die unterschiedliche Höhe der Korrelationen nicht davon ausgegangen werden, dass die Hausaufgabenadhärenz bei depressiven Patienten einen stärkeren Einfluss auf das Therapieergebnis hat als bei Patienten mit Angststörungen.

6 Diskussion

Nachdem im vorangegangenen Abschnitt alle für die Fragestellungen relevanten statistischen Ergebnisse vorgestellt wurden, soll im letzten Teil der Untersuchung die Bedeutung der vorliegenden Ergebnisse im Hinblick auf den aktuellen Stand der Forschung erläutert und bewertet werden. Außerdem wird das Design der Studie kritisch diskutiert.

Insgesamt konnte ein Einblick in die Hausaufgabennutzung in der klinischen Praxis der untersuchten Ambulanz gewonnen werden, wobei sowohl die Hausaufgabenvergabe als auch die Hausaufgabenadhärenz höher lag, als in anderen Untersuchungen zu diesem Thema (z.B. Breil, 2010; Fehm & Kazantzis, 2004; Fehm & Mrose, 2008; s. Abschnitt 6.1 & 6.2). Die meisten der möglichen Einflussfaktoren auf die Adhärenz konnten wie auch in früheren Untersuchungen (z.B. Bryant et al., 1999; Burns & Spangler, 2000; Fehm & Mrose, 2008; Helbig & Fehm, 2004) nicht bestätigt werden und auch Zusammenhänge zur Therapiedauer und zum Therapie-Outcome wurden nicht gefunden. Die möglichen Gründe hierfür werden unter Abschnitt 6.3 und 6.4 näher erläutert.

6.1 Hausaufgabenvergabe

Ein Wissen um die tatsächliche Nutzung von Interventionsmethoden in der klinischen Praxis ist wichtig, um einen Eindruck über den Rückkopplungsprozess zwischen Wissenschaft und Praxis zu erhalten (vgl. Kazantzis & Dattilio, 2010; Schmelzer, 1997). Da der positive Einfluss von Hausaufgaben auf das Therapie-Outcome durch zahlreiche Studien und Metaanalysen als hinreichend belegt gelten kann (vgl. Abschnitt 2.3), ist es von Interesse inwieweit die aus den Ergebnissen der Studien abgeleiteten Empfehlungen zum Einsatz von Hausaufgaben in die alltägliche Versorgung der Patienten Eingang finden.

Wie unter Abschnitt 5.1 ausführlich dargestellt, wurden in der vorliegenden Stichprobe in 81.7% aller Sitzungen Hausaufgaben vergeben und es wurden mit jedem Patienten in mindestens 46% der Sitzungen Hausaufgaben vereinbart. Im Vergleich zu den zuvor referierten Studien erscheint dieser Wert sehr hoch (s. Abschnitt 2.4.2). Während in Praktikerbefragungen unter Verhaltenstherapeuten nur knapp 50% der Befragten Hausaufgaben mit jedem Patienten vereinbaren und lediglich 16% Hausaufgaben in jeder Sitzung nutzen (Fehm & Kazantzis, 2004), wurden hier in jeder Therapie Hausaufgaben eingesetzt, bei 19% sogar in jeder Sitzung und bei weiteren 11% in mehr als 90% der Sitzungen. Bei Breil (2010), die ähnlich wie in der vorliegenden Studie die Hausaufgabenvergabe nach jeder Sitzung einschätzen ließ, lag nach Therapeutenurteil die Hausaufgabenvergabe nur bei 41.2% der Sitzungen. Die Angaben bezüglich der Hausaufgabenanzahl pro Therapiesitzung sind vergleichbar mit anderen Studien (z.B. Breil,

2010; Startup &Edmonds, 1994; vgl. Abschnitt 2.4.2): In der Mehrzahl der Sitzungen wird lediglich eine Hausaufgabe vereinbart (60.1% der Sitzungen mit Hausaufgaben).

Warum die Vergabehäufigkeit in der vorliegenden Stichprobe im Vergleich zu anderen Untersuchungen so hoch ist, lässt sich nur ansatzweise erklären: Zum Einen stammt die vorliegende Stichprobe aus einer kognitiv-verhaltenstherapeutisch arbeitenden Ambulanz, in der Hausaufgaben wie unter Abschnitt 2.4.2 beschrieben einen Kernbaustein der Behandlung darstellen sollten. Außerdem wurden zum Großteil Patienten mit Angststörungen und depressiven Störungen untersucht, für die der Einsatz von Hausaufgaben von den meisten Therapeuten als sehr wichtig eingestuft wird (s. Abschnitt 2.4.2). Desweiteren wäre es möglich, dass die hohe Frequenz der Hausaufgabenvergabe dadurch bedingt ist, dass es sich bei der untersuchten Ambulanz um eine an die Universität angegliederte Ausbildungsambulanz handelt und die untersuchten Therapien zum Großteil von Therapeuten in Ausbildung durchgeführt wurden. Diese werden noch unter engmaschiger Supervision durchgeführt. Außerdem wird vermutet, dass durch den leichteren Zugang zu wissenschaftlicher Literatur Forschungsergebnisse schneller in den therapeutischen Alltag gelangen, als dies in der Praxis niedergelassener Therapeuten der Fall ist (vgl. Breil, 2010). Allerdings treffen die genannten Gründe ebenfalls auf die von Breil (2010) durchgeführte Studie zu. Es scheint also, dass die Therapeuten der vorliegenden Stichprobe aktuelle Untersuchungsergebnisse zum Hausaufgabeneinsatz bereits besser in die allgemeine Versorgung ihrer Patienten integriert haben, als dies in anderen untersuchten Einrichtungen der Fall war.

Neben einer hohen Frequenz der Hausaufgabenvergabe konnte allerdings auch ein Einfluss der Therapiephase auf die Vergabehäufigkeit gefunden werden. So wurden in späten Therapiephasen (Therapiestunde 17-25) weniger Hausaufgaben vergeben, als dies in den vorherigen Stunden der Fall war. Über die Gründe hierfür lässt sich nur spekulieren: So könnte es beispielsweise sein, dass mit Fortschreiten der Therapie weniger konkrete Aufgaben gegeben werden und der Patient stattdessen selbstständig Therapieinhalte in den Alltag integrieren soll ohne genaue Vorgaben zu bekommen. Da eine selbständige Anwendung des Gelernten eines der Hauptziele der Therapie ist, scheint dies plausibel (vgl. z.B. Kazantzis & L'Abate, 2007). Leider liegen in der vorliegenden Untersuchung keine Daten über die Gründe des absinkenden Vergabeverhaltens vor, so dass hier lediglich auf Spekulationen zurückgegriffen werden kann. Es ist fraglich, ob ein gleichbleibender Einsatz von Hausaufgaben über den gesamten Therapieverlauf sich nicht positiv auf die Dauer oder den Erfolg der Therapien auswirken könnte.

In der vorliegenden Studie wurde in den meisten Fällen nicht konkret besprochen wann oder wo eine Hausaufgabe erledigt werden sollte. Dies geschah nur in knapp einem Drittel der Fälle. Dieses Ergebnis ist im Vergleich zu einigen früheren Forschungsergebnissen jedoch recht hoch: So waren beispielsweise bei Fehm und Mrose (2008) nur 20% der Hausaufgaben systematisch vergeben worden und bei Kazantzis et al. (2007) gaben nur 12% der Therapeuten an überhaupt ein systematisches Vorgehen zu nutzen. Wie in den theoretischen Ausführungen zur Systematik der Hausaufgabenvergabe erläutert (s. Abschnitt 2.4.4), könnte eine im Vorfeld stattgefundene konkrete Besprechung der Hausaufgabendurchführung zur Ausbildung einer *implementation intention* beitragen (Gollwitzer & Brandstätter, 1997) und somit die Durchführungswahrscheinlichkeit erhöhen. Obwohl also die Häufigkeit der Hausaufgabenvergabe mit über 80% durchaus als positiv zu bewerten ist, wäre eventuell eine stärker an einem systematischen Vorgehen orientierte Vergabe angebrachter. Bei der Forderung nach konkreteren Aufgabenstellungen bleibt allerdings ebenfalls zu bedenken, dass sich nicht alle Hausaufgaben an spezifische Zeitpunkte oder Orte binden lassen, vor allem dann, wenn gelernte Techniken oder Verhaltensweisen als Reaktion auf einen natürlich vorkommenden Stimulus ausgeführt werden sollen, so dass eine systematische Vergabe aller Hausaufgaben nicht möglich scheint (Kazantzis, Mac Ewan et al., 2005).

Es wäre wünschenswert gewesen, zusätzliche Informationen über die Art der Spezifikationen zu erheben, um einen genaueren Einblick in die Konkretheit der Aufgabenstellungen zu erhalten: So gab es auf dem Protokollbogen nur eine Frage nach der Konkretheit der Hausaufgabenvergabe, die relativ ungenau formuliert war (Anhang A). Aus den vorliegenden Daten war nicht ersichtlich, ob tatsächlich Ort und Zeit der Erledigung festgelegt wurden oder ob die Frage ebenfalls durch den Therapeuten bejaht wurde, wenn nur eins von beidem gegeben war. Bei Helbig und Fehm (2004) zeigte sich beispielsweise, dass nur 14.8% der Hausaufgaben im Hinblick auf Ort *und* Zeit festgelegt wurden, aber bei immerhin 40.9% zumindest eine der Spezifikationen vorgenommen wurde. Da dieser Unterschied in der vorliegenden Untersuchung nicht berücksichtigt wurde, könnte die angegebene Häufigkeit der systematischen Hausaufgabenvergabe durch die Formulierung der Frage im Protokollblatt verfälscht worden sein. Zudem fehlt leider eine Angabe dazu, ob zu den jeweiligen Aufgaben schriftliche Materialien zur Verfügung standen, was innerhalb des Modells der systematischen Vergabe nach Shelton und Levy (1981) die am besten untersuchte Komponente ist.

Neben der Häufigkeit der systematischen Hausaufgabenvergabe konnte auch festgestellt werden, dass vor allem dann spezifische Vereinbarungen im Hinblick auf Zeit und Ort der Erledigung von Hausaufgaben getroffen wurden, wenn mehrere verschiedene Hausaufgaben vereinbart wurden. Hierzu liegen nach Kenntnis der Autorin bislang keine anderen Forschungsergebnisse vor, so dass die Frage nach dem Grund dieses Ergebnisses nur spekulativ beantwortet werden kann. So wäre es möglich, dass Therapeuten vor allem bei der Vereinbarung mehrerer Aufgaben Spezifikationen vornehmen, um eine Überforderung des Patienten zu vermeiden und die verschiedenen Aufgaben deshalb schon im Vorfeld in den Alltag des Patienten einplanen wollen. Außerdem könnte eine systematische Vergabe in diesem Fall zum Ziel haben, möglichst zu verhindern, dass eine der Aufgaben vergessen wird.

Im Gegensatz zu anderen Studien, bei denen kognitive Aufgaben wesentlich häufiger zum Einsatz kamen als behaviorale Aufgaben (z.B. Fehm & Mrose, 2008; Helbig & Fehm, 2004), kamen in der vorliegenden Studie behaviorale Aufgaben etwas häufiger vor (52.9% vs. 47.1%). Dieses Ergebnis könnte zum Einen durch das Design der Studie entstanden sein: So wurde beispielsweise bei Fehm und Mrose (2008) nicht berücksichtigt, ob in einer Sitzung mehrere Hausaufgaben vergeben wurden, sondern es wurde pro Sitzung nur auf eine Hausaufgabe Bezug genommen, was das Ergebnis maßgeblich verändert haben könnte (vgl. Abschnitt 2.4.2). In der vorliegenden Studie hingegen wurden alle einzelnen Aufgaben in die Berechnung einbezogen. Zum Anderen konnte festgestellt werden, dass bei Angststörungen und Zwangsstörungen signifikant häufiger behaviorale Hausaufgaben eingesetzt werden, als bei depressiven Störungen. Dies verwundert nicht, da gerade in der verhaltenstherapeutischen Behandlung von Angst- und Zwangsstörungen Expositionsübungen und Verhaltensexperimente zentrale Bestandteile der Behandlung sind, während bei depressiven Erkrankungen häufiger kognitive Aufgaben, wie zum Beispiel der Einsatz von Stimmungstagebüchern, genutzt werden (z.B. Franklin, Huppert & Roth Ledley, 2005; Garland & Scott, 2002, 2005; Leahy, 2005). Da mit 54.6% der Patienten Angst- und Zwangsstörungen als Erstdiagnosen überwiegen (zum Vergleich: 31.6% depressive Erkrankungen), könnte dies ebenfalls ein Grund für die erhöhte Anzahl behavioraler Aufgaben sein.

Während sich die Art der vergebenen Hausaufgabe zwischen den Störungsbereichen unterscheidet, zeigt sich bei der Häufigkeit der Vergabe kein Unterschied zwischen den Diagnosen. Dies erscheint logisch, da gerade unter Verhaltenstherapeuten die Rolle von Hausaufgaben bei allen psychischen Störungsbildern betont wird (vgl. z.B. Kazantzis & Ronan, 2006; s. Abschnitt 2.4.1) und in der vorliegenden Stichprobe vor allem Patienten mit depressiven Erkrankungen oder Angst- und Zwangsstörungen untersucht wurden. In Praktikerbefragungen sind dies genau die Störungsbereiche für die Hausaufgaben als wichtig bis sehr wichtig eingestuft werden (z.B. Kazantzis & Dattilio, 2010; Kazantzis & Deane, 1999). Interessant wäre es herauszufinden, ob auch bei Schizophrenie, psychotischen Erkrankungen oder Substanzabhängigkeiten im selben Ausmaß Hausaufgaben eingesetzt werden, wie dies hier der Fall ist. Bislang existieren hierzu lediglich allgemeine Empfehlungen oder Fragebogenstudien, die den durchschnittlichen Umgang mit oder die Einstellung zu Hausaufgaben in Bezug auf diese Störungsbereiche erfragen (vgl. Glaser et al., 2000, Kazantzis & Dattilio, 2010) und es fehlt eine sitzungsweise Betrachtung des tatsächlichen Einsatzes von Hausaufgaben. Leider lagen für diese Störungsbereiche in der untersuchten Ambulanz keine Patientenakten vor.

6.2 Hausaufgabenadhärenz

Neben dem Einsatz von Hausaufgaben, hat auch die Hausaufgabenadhärenz nachgewiesenermaßen einen positiven Einfluss auf das Therapieergebnis (vgl. Kazantzis et al., 2000; s. Abschnitt 2.3.3 & 2.3.5). Deshalb ist es nicht nur von Interesse, ob Patienten ihre Hausaufgaben tatsächlich durchführen, sondern auch welche der in quasi-experimentellen Studien und in wissenschaftlichen Diskussionen vermuteten oder bestätigten Moderatoren ebenfalls in der klinischen Praxis einen Einfluss auf die Adhärenz ausüben.

Der Anteil der nicht-erledigten Hausaufgaben ist mit 9.6% vergleichbar zu anderen Untersuchungen (vgl. Fehm & Mrose, 2008 [9.4%]; Helbig & Fehm, 2004 [11%]). Allerdings liegt der Anteil der Hausaufgaben, die wie vereinbart erledigt wurden mit 64.7% wesentlich höher als in anderen Studien, die hier meist einen Anteil zwischen 30-40% ausweisen. Das in anderen Studien oft genannte Problem der Reduktion des Umfangs oder der Schwierigkeit der Aufgabe durch den Patienten, konnte hier nur in einem wesentlich geringeren Ausmaß festgestellt werden: Während in anderen Untersuchungen knapp 50% der Aufgaben nur zum Teil durchgeführt werden (z.B. Fehm & Mrose, 2008; Helbig & Fehm, 2004), liegt dieser Anteil in der vorliegenden Stichprobe lediglich bei 23%. Dies spricht für den kompetenten Umgang der Therapeuten mit Hausaufgaben in der untersuchten Ambulanz. Außerdem zeigt sich kein Einfluss der Therapiephase auf die Hausaufgabenadhärenz, während andere Studien einen Anstieg (vgl. Helbig & Fehm, 2004; s. Abschnitt 2.4.3) oder eine Abnahme (z.B. Woody & Adessky, 2002) der Adhärenz über den Therapieverlauf feststellen konnten. Da leider keine Patientenbefragungen vorgenommen wurden, lassen sich über die Gründe der im Vergleich zu anderen Studien gleichbleibend hohen Hausaufgabenadhärenz an dieser Stelle keine Angaben machen (vgl. Fehm & Mrose, 2008; Helbig & Fehm, 2004).

Analysen möglicher Einflussfaktoren auf die Hausaufgabenadhärenz zeigen, dass Patientencharakteristika kaum mit dem Ausmaß der Hausaufgabenadhärenz zusammenhängen: Weder für das Alter der Patienten, noch für die Schwere der Erkrankung im CGI-S oder GSI oder die Art der Erstdiagnose konnten Zusammenhänge zur Adhärenz festgestellt werden. Dies deckt sich mit einem Großteil der Ergebnisse früherer Studien (vgl. Burns & Spangler, 2000; Bryant et al., 1999; Fehm & Mrose, 2008; s. Abschnitt 2.4.4). Die Untersuchung hausaufgabenbezogener Variablen als Moderatoren der Hausaufgabenadhärenz ist besonders relevant für die klinische Praxis, da diese Variablen direkt durch den Therapeuten beeinflussbar sind. Während die Art der Hausaufgabe keinen Einfluss auf die Adhärenz hatte (vgl. auch Helbig & Fehm,

2004), wurde entgegen der Erwartungen ebenfalls kein Einfluss der systematischen Vereinbarung von Hausaufgaben gefunden. Hierbei ist allerdings zu bedenken, dass als Komponenten der systematischen Vergabe nur die Festlegung von Zeit oder Ort der Erledigung erfasst wurden. Die Nutzung schriftlicher Materialien, die von allen Komponenten des Modells von Shelton und Levy (1981) am besten untersucht ist, konnte mit den auf dem Protokollbogen vorhandenen Informationen nicht erfasst werden (vgl. Abschnitt 6.1). Dies sollte in zukünftigen Studien unbedingt geändert werden.

Die Anzahl der Hausaufgaben war der einzige signifikante Moderator der Hausaufgabenadhärenz: Je mehr verschiedene Hausaufgaben in einer Sitzung vergeben wurden, desto eher wurden diese auch erledigt. Dies widerspricht der Annahme von Startup und Edmonds (1994), die eine sinkende Adhärenz aufgrund der steigenden Anforderungskomplexität bei mehreren Aufgaben vermutet hatten. Hier kann lediglich spekuliert werden, dass die Vergabe mehrerer Hausaufgaben bei den Patienten eventuell die Bedeutsamkeit oder Verbindlichkeit der Aufgabenerledigung unterstreicht und somit zu einer besseren Adhärenz führt (vgl. auch Breil, 2010). Zudem ist zu bedenken, dass die bloße Angabe der Anzahl verschiedener Hausaufgaben nichts über den Umfang, die Schwierigkeit oder die zeitlichen Anforderungen aussagt, die diese Aufgaben mit sich bringen (vgl. Startup & Edmonds, 1994). Die Erhebung solcher Variablen könnte zu einem differenzierteren Bild der Einflussfaktoren auf die Adhärenz beitragen (vgl. Breil, 2010).

Aus den genannten Ergebnissen scheint hervorzugehen, dass Patientencharakteristika, aber auch Hausaufgabenmerkmale keinen oder nur einen geringen Einfluss auf die Hausaufgabenadhärenz haben. Auch Kazantzis, Deane, Ronan et al. (2005) nehmen an, dass in der Entscheidung eines Patienten Hausaufgaben zu erledigen vor allem persönliche Faktoren, wie zum Beispiel der wahrgenommene Nutzen einer Aufgabe oder die Motivation, eine Rolle spielen, die bei direkten Korrelationen zwischen Patientencharakteristika oder Hausaufgabenmerkmalen mit der Adhärenz unberücksichtigt bleiben. Wünschenswert wäre es in zukünftigen Studien auch den Einfluss solcher Variablen zu untersuchen (z.B. Breil, 2010).

6.3 Zusammenhänge zu Therapiedauer und Therapieerfolg

Während der Einfluss der Hausaufgabenvergabe auf die Therapiedauer bislang eher selten untersucht wurde und zu uneinheitlichen Ergebnissen führt (vgl. Abschnitt 2.3.2), existieren keine Untersuchungen, die versuchen diesen Zusammenhang auch zur Hausaufgabenadhärenz zu erforschen. Da die meisten Studien zur Hausaufgabenadhärenz mit hochstandardisierten Therapien durchgeführt werden, in denen im Allgemeinen die Länge der Therapie von vornherein festgelegt ist, konnten hierzu bislang keine Ergebnisse gewonnen werden (vgl. Coon & Thompson, 2003). Der positive Einfluss von Hausaufgabeneinsatz und Hausaufgabenadhärenz auf das Therapieergebnis gilt hingegen aufgrund der vielen Einzelstudien und der Metaanalysen als gesichert (vgl. Abschnitt 2.3). Ob die in quasi-experimentellen Studien häufig belegten Zusammenhänge zwischen verschiedenen Aspekten des Hausaufgabeneinsatzes und dem Therapieerfolg auch in der klinischen Praxis festgestellt werden können, wurde allerdings bislang kaum untersucht (vgl. Breil, 2010; Fehm & Fehm-Wolfsdorf, 2001)

Weder für die Häufigkeit der Hausaufgabenvergabe noch für die Hausaufgabenadhärenz zeigen sich Zusammenhänge zur Therapiedauer. Dies bedeutet aber nicht per se, dass der Einsatz von Hausaufgaben keine Auswirkungen auf die Länge einer Therapie haben kann. Zum Einen ist zu bedenken, dass die untersuchten Patienten ($N=35$) eine äußerst heterogene Gruppe mit vielfältigen Störungsbereichen und Komorbiditäten waren und zum Anderen war sowohl die durchschnittliche Hausaufgabenvergabe, als auch die Hausaufgabenadhärenz sehr hoch und die Variabilität verhältnismäßig gering. Eventuell käme man zu einem anderen Ergebnis, wenn wie in experimentellen Studien eine vergleichbare Patientengruppe ohne Hausaufgaben als Vergleichsgruppe verfügbar gewesen wäre (vgl. Al-Kubaisy et al., 1992), was jedoch in naturalistischen Settings kaum realisierbar ist. Da bisher nur wenige Studien existieren, die einen Zusammenhang zwischen Hausaufgabenvariablen und der Therapiedauer herzustellen versuchen, liegen keine vergleichbaren Ergebnisse aus der wissenschaftlichen Literatur vor. Aufgrund der vorhandenen Daten muss davon ausgegangen werden, dass weder die Frequenz der Hausaufgabenvergabe, noch das Ausmaß der Hausaufgabenadhärenz einen Einfluss auf die Länge einer Therapie hat, wobei aufgrund der beschriebenen Einschränkungen weitere Forschungsvorhaben zur Klärung dieses Sachverhaltes nötig erscheinen.

Entgegen der durch zahlreiche Einzelstudien (z.B. Abramowitz et al., 2002; Burns & Spangler, 2000; Neimeyer & Feixas, 1999) und die Metaanalysen (Kazantzis et al., 2000; Kazantzis et al., 2010; Mausbach et al., 2010) gestützten Annahmen, fanden sich keine Zusammenhänge zwischen der Hausaufgabenvergabe oder der Hausaufgabenadhärenz und dem Therapieerfolg, weder für die Einschätzung des Therapeuten im CGI-I noch für die selbsteingeschätzte Symptombelastung im SCL-90-R (GSI). Auch der zusätzliche Vergleich der Zusammenhänge zwischen dem Therapie-Outcome und der Adhärenz unterschiedlicher Therapiephasen über die Zwei-Phasen bzw. Drei-Phasen-Struktur erbrachte im Gegensatz zu einigen anderen Studien (z.B. Leung & Heimberg, 1996) keine Ergebnisse. Allerdings ist auch hier zu bedenken, dass die Hausaufgabenvergabe sowie die Adhärenz bei allen Patienten relativ hoch war und nicht sehr stark variierte und dass die meisten Studien, die einen positiven Effekt von Hausaufgaben auf das Therapieergebnis zeigen konnten auf eine Vergleichsgruppe von Patienten ohne Hausaufgaben Bezug nahmen (vgl. Startup & Edmonds, 1994). Desweiteren lag die Stichprobengröße für die jeweiligen Fragestellungen in der vorliegenden Studie lediglich zwischen 24 und 72 Patienten. Verschiedene Autoren weisen jedoch darauf hin, dass zur Aufdeckung kleiner und mittlerer Effekte, wie sie aufgrund des multifaktoriellen Therapiegeschehens für einzelne Behandlungskomponenten zu erwarten sind, wesentlich größere Stichprobenumfänge nötig sind (vgl. Breil, 2010; Helbig & Fehm, 2005; Kazantzis, 2000). Somit können die Ergebnisse nicht dahingehend interpretiert werden, dass der Einsatz von Hausaufgaben keinen Einfluss auf das Therapieergebnis hat. Es konnte lediglich gezeigt werden, dass eine erhöhte Quantität des Einsatzes bzw. der Erledigung von Hausaufgaben nicht unmittelbar eine größere Verbesserung der Symptomatik bedeutet, es besteht also kein Dosis-Wirkungs-Zusammenhang zwischen Hausaufgaben und Therapie-Outcome (vgl. Breil, 2010). Am wahrscheinlichsten ist die Annahme, dass aufgrund der geringen statistischen Power der Studie und der über alle Patienten hinweg hohen Hausaufgabenvergabe/-adhärenz vorhandene Unterschiede nicht aufgedeckt werden konnten (vgl. auch Kazantzis, 2000; Startup & Edmonds, 1994).

Erste Hinweise darauf, dass sowohl die Hausaufgabenvergabe, als auch die Adhärenz einen positiveren Effekt auf das Therapieergebnis bei depressiven Patienten als bei ängstlichen Patienten haben, konnte diese Studie nur tendenziell bestätigen (vgl. Kazantzis et al., 2000). Während sich für die Frequenz der Hausaufgabenvergabe und die Adhärenz zwischen den Gruppen keine Unterschiede fanden, ergaben sich höhere positive Korrelationen zwischen den Hausaufgabenvariablen und dem Therapieerfolg bei depressiven Patienten, als dies bei Angststörungspatienten der Fall war, bei denen zum Teil auch negative Korrelationen auftraten. Allerdings ist zu beachten, dass keine der Korrelationen statistische Signifikanz erreichte und nur in einem Fall eine Tendenz zu beobachten war (Vergabe bis Sitzung 15). Somit ist in der vorliegenden Stichprobe zu vermuten, dass keine Unterschiede zwischen den diagnostischen Gruppen bestehen. Da allerdings die Stichprobenumfänge extrem klein waren (N=8-18), scheint eine inhaltliche Interpretation der Ergebnisse nicht angebracht. Es wäre wünschenswert in einer ähnlichen Studie mit größeren Stichprobenumfängen zu überprüfen, ob es tatsächlich Unterschiede in der Wirkungsweise von Hausaufgaben zwischen den Diagnosegruppen gibt. Dies könnte eventuell auch zur Erklärung der heterogenen Befunde der bisherigen Wirksamkeitsforschung beitragen.

6.4 Diskussion des Studiendesigns und Generalisierbarkeit der Befunde

Erfahrene Psychotherapeuten kritisieren, dass die Mehrzahl der Studien zu speziellen Interventionsmethoden praxisfern seien und oft an hochselektierten Stichproben durchgeführt werden, so dass sich die Ergebnisse nur eingeschränkt oder aber gar nicht auf ihre praktische Tätigkeit übertragen ließen (Breil, 2010). Die vorliegende Studie hatte zum Ziel, die Nutzung von

Hausaufgaben in einem naturalistischen Setting zu untersuchen und eine Überprüfung der Befunde quasi-experimenteller Studien und Therapeutenbefragungen in der klinischen Praxis zu ermöglichen. Während einige der vor allem bei Fragebogenstudien auftretenden methodischen Mängel durch das dargestellte Vorgehen umgangen werden konnten (s. unten), bringt das Design der Studie auch einige Einschränkungen mit sich. So konnten beispielsweise aufgrund des Fehlens einer Kontrollgruppe mögliche Zusammenhänge nur korrelativ überprüft werden (vgl. Breil, 2010).

Eine der Besonderheiten der vorliegenden Studie besteht darin, dass sie bei der Ermittlung der Hausaufgabennutzung nicht auf Fragebögen zurückgreift, sondern die Stundenprotokolle der Therapiesitzungen nutzt. Dabei wurden alle zum Zeitpunkt der Erhebung verfügbaren Patientenakten in die Studie einbezogen, so dass ein Selektionsbias wie er bei der freiwilligen Teilnahme an Fragebogenstudien oft vermutet wird, hier nicht vorliegt (vgl. Fehm & Kazantzis, 2004, Kazantzis, Lampropoulos et al., 2005). Auch Effekte der sozialen Erwünschtheit (vgl. Kazantzis, Lampropoulos et al., 2005) und Verzerrungen aufgrund retrospektiver Einschätzungen (vgl. Fehm & Kazantzis, 2004) wurden weitestgehend vermieden. Es kann folglich davon ausgegangen werden, dass die tatsächliche Nutzung von Hausaufgaben in der Ambulanz abgebildet wird. Da von den einzelnen Therapeuten allerdings eine unterschiedliche Anzahl an Sitzungen bzw. Patienten in der Stichprobe enthalten waren, können Moderatoreffekte durch Therapeuteneigenschaften nicht ausgeschlossen werden (vgl. Breil, 2010).

Zur Erfassung der Hausaufgabenvergabe und Adhärenz ist zu sagen, dass die von Kazantzis et al. (2004) beschriebenen Empfehlungen nur zum Teil umgesetzt werden konnten. So wird die Einschätzung der Hausaufgabenerledigung durch den Therapeuten zeitnah zur Aufgabenbearbeitung im Protokollbogen vermerkt (zu Beginn der folgenden Therapiestunde) und die Adhärenz wird zu mehreren Zeitpunkten in der Therapie erfasst (nach jeder vergeben Aufgabe). Ein Manko ist allerdings, dass sowohl bei der Vergabe, als auch bei der Adhärenz lediglich die Einschätzung des Therapeuten erfasst wird. Aktuelle Reviews zur Psychotherapieforschung betonen jedoch die Notwendigkeit, sowohl die Therapeuten-, als auch die Patientenperspektive zu erheben (z.B. Kazantzis et al., 2004). So zeigte sich, dass sich die Quelle der Adhärenzerfassung moderierend auf die gefundenen Hausaufgabeneffekte auswirkte (Kazantzis et al., 2000) und dass die Einschätzungen zur Hausaufgabenvergabe und zur Adhärenz von Therapeuten, Patienten und unabhängigen Ratern zwar signifikant korrelieren, die Zusammenhänge allerdings nicht sehr groß sind (vgl. Breil, 2010). Problematisch ist zudem die Tatsache, dass lediglich eine eindimensionale Einschätzung der Quantität der Hausaufgabenerledigung erfolgte. Diese sollte in zukünftigen Forschungsvorhaben möglichst durch eine Einschätzung der Qualität der Hausaufgabenerledigung ergänzt werden, da verschiedene Studien zeigen konnten, dass die Hausaufgabenqualität ein besseres Korrelat des Therapieerfolgs ist, als die Quantität (vgl. Kazantzis & Dattilio, 2010; Schmidt & Woolaway-Bickel, 2000). Außerdem wäre es wünschenswert die Systematik der Vergabe und die Adhärenz für jede Einzelaufgabe (bei mehreren verschiedenen Aufgaben pro Sitzung) zu erfassen, anstatt wie in der vorliegenden Studie eine globale Einschätzung der Variablen unabhängig von der Anzahl der vereinbarten Aufgaben zu untersuchen.

Die Tatsache, dass in der vorliegenden Stichprobe keine Einflüsse der Hausaufgabenvariablen auf den Therapieerfolg gefunden wurden, könnte durch methodische Probleme beeinflusst worden sein. Neben den bereits erwähnten kleinen Stichprobenumfängen, der geringen Variabilität und dem Decken-Effekt der Hausaufgabenvariablen, durch die die Wahrscheinlichkeit signifikante Zusammenhänge zu finden, bereits eingeschränkt war (vgl. Startup & Edmonds, 1994; s. Abschnitt 6.3), muss auch die Wahl des GSI aus der SCL-90-R zur Messung des Therapieerfolgs kritisch betrachtet werden. Da der SCL-90-R ein störungsübergreifendes Maß zur Erfassung der subjektiven Symptombelastung ist, lag der Vorteil darin, dass alle Patienten unabhängig von ihrer spezifischen Erkrankung miteinander verglichen werden konnten. Allerdings werden Hausaufgaben nach Breil (2010) oft speziell zur Behandlung der störungsspezifischen Symptomatik eingesetzt, so dass sich Hausaufgabeneffekte vor allem in der Veränderung der störungsspezifischen Symptome nicht jedoch unmittelbar in der allgemeinen Symptombelastung zeigen könnten. In zukünftigen Studien sollten sowohl störungsspezifische, als auch störungsübergreifende Messinstrumente des Therapieerfolgs genutzt werden, um die Wirkungsweisen von Hausaufgaben genauer zu erforschen.

Die Art der Datenaufbereitung sollte an einigen Stellen ebenfalls überdacht werden: So wurde die im Vorfeld vierstufige Einschätzung der Adhärenz für die Berechnungen dichotomisiert, so dass die Kennwerte zur Hausaufgabenadhärenz der Patienten neben den vollständig erledigten Aufgaben und den Aufgaben bei denen mehr als vereinbart erledigt wurde, auch die teilweise erledigten Hausaufgaben (weniger als vereinbart) beinhalteten. Diese Dichotomisierung erscheint problematisch, da ein Teil des Informationsgehalts der Variable Hausaufgabenadhärenz verloren geht. In künftigen Untersuchungen sollten die jeweiligen Abstufungen in der Quantität der Hausaufgabenerledigung beibehalten und getrennt untersucht werden.

Neben den bereits erläuterten methodischen Mängeln der Studie ist zur Generalisierbarkeit der Ergebnisse vor allem anzumerken, dass die erhobenen Daten sämtlich aus einer Universitätsambulanz stammten und sich die Mehrzahl der Therapeuten noch in Ausbildung befand. Somit stellt sich die Frage, inwieweit die Ergebnisse der Studie vergleichbar sind mit dem therapeutischen Handeln von erfahreneren Therapeuten außerhalb universitärer Settings (vgl. auch Abschnitt 6.1). Einige Studien konnten zeigen, dass sich das therapeutische Handeln im Laufe der praktischen Tätigkeit aufgrund von Erfahrung verändert. Niedergelassene Therapeuten geben beispielsweise in der Befragung von Breil (2010) an, dass sie Hausaufgaben aufgrund ihrer zunehmenden Erfahrung (nicht aufgrund von aktuellen Forschungsergebnissen) aktuell als wichtiger empfinden und sie auch häufiger einsetzen, als zu Beginn ihrer ambulanten Tätigkeit. Außerdem vergeben erfahrene Therapeuten bei Breil (2010) auch signifikant konkretere Aufgaben, verfolgen also öfter einen systematischen Ansatz, als Therapeuten in Ausbildung. Andere Autoren kommen wiederum zu dem Schluss, dass Therapeuten in Ausbildung und in universitären Settings wesentlich häufiger Hausaufgaben einsetzen als niedergelassene Therapeuten (z.B. Fehm & Kazantzis, 2004). Desweiteren werden auch Forschungsergebnisse berichtet, die keine Unterschiede zwischen Anfänger- und erfahrenen Therapeuten finden. So gab es bei Helbig & Fehm (2004) keine Unterschiede in der Hausaufgabenvergabe zwischen privat praktizierenden Therapeuten (n=42) und Therapeuten in Ausbildung (n=35) und auch die Adhärenz der Patienten wurde in dieser Studie nicht durch die Berufserfahrung des Therapeuten beeinflusst. Ähnliche Ergebnisse finden sich in der Auswertung der Hauptstudie bei Breil (2010). Obwohl die aktuellen Forschungsergebnisse nur zum Teil darauf hindeuten, dass weniger erfahrene und erfahrene Therapeuten sich bezüglich des Einsatzes von Hausaufgaben unterscheiden, kann eine eingeschränkte Generalisierbarkeit der in der vorliegenden Studie dargestellten Ergebnisse auf die klinische Praxis niedergelassener Therapeuten nicht ausgeschlossen werden (vgl. Breil, 2010). Außerdem ist zu bedenken, dass lediglich kognitiv-verhaltenstherapeutisch ausgerichtete Therapien untersucht wurden und in anderen Therapieformen u.U. ein ganz anderer Umgang mit Hausaufgaben praktiziert wird (vgl. z.B. Blagys & Hilsenroth, 2002).

6.5 Fazit

Abschließend lässt sich feststellen, dass die Empfehlungen zum Hausaufgabeneinsatz in kognitiv-verhaltenstherapeutischen Therapien, wie sie beispielsweise von Garland und Scott (2002) oder Thase und Callan (2006; vgl. Abschnitt 2.2.4 & 2.4.2) diskutiert wurden, in der untersuchten Ambulanz größtenteils bereits umgesetzt werden. So liegt die Frequenz der Hausaufgabenvergabe auf einem konstant hohen Level und auch der Anteil konkret vereinbarter Hausaufgaben scheint im Vergleich zu Stichproben aus anderen Untersuchungen höher zu sein, wobei die erwähnten methodischen Einschränkungen bei der Interpretation zu berücksichtigen sind (vgl. Abschnitt 6.1). Auch wenn keine Zusammenhänge zu klinischen und Prozessvariablen aufgedeckt werden konnten, scheint dies eher auf methodische Mängel zurückzuführen zu sein, die in weiterführenden Studien berücksichtigt werden sollten (vgl. Abschnitt 6.3). Vor allem die Wahl einer geeigneten Stichprobengröße für zukünftige Untersuchungen in naturalistischen

Settings scheint trotz des zu erwartenden hohen Aufwands lohnend, um den Zusammenhang zwischen Hausaufgaben und dem Therapieerfolg auch für die klinische Praxis belegen zu können. Desweiteren sollte aus den dargelegten Gründen (vgl. Kazantzis et al., 2004) ein stärkerer Fokus auf die Erfassung der Patientenperspektive bezüglich der Hausaufgabenvereinbarungen und der Gründe für mangelnde Adhärenz gelegt werden und nicht nur die Quantität der Hausaufgabenerledigung, sondern auch die Qualität der Adhärenz erfasst werden, um bisher unerkannte Einflüsse auf die Hausaufgabenadhärenz näher zu untersuchen.

7 Literaturverzeichnis

Abramowitz, J.S., Franklin, M.E., Zoellner, L.A. & DiBernardo, C.L. (2002). Treatment compliance and outcome in obsessive-compulsive disorder. *Behavior Modification, 26,* 447-463.

Addis, M.E. & Jacobson, N. S. (1996). Reasons for depression and the process and outcome of cognitive-behavioral psychotherapies. *Journal of Consulting and Clinical Psychology, 64,* 1417-1424.

Addis, M.E. & Jacobson, N.S. (2000). A closer look at the treatment rationale and homework compliance in cognitive-behavioral therapy for depression. *Cognitive Therapy and Research, 24,* 313-326.

Al-Kubaisy, T., Marks, I. M., Logsdail, S., Marks, M. P., Lovell, K., Sungur, M. & Araya, R. (1992). Role of exposure homework in phobia reduction: A controlled study. *Behavior Therapy, 23,* 599-621.

Basler, H.-D. & Kröner-Herwig, B. (1998). *Psychologische Therapie bei Kopf- und Rückenschmerzen: Das Marburger Schmerzbewältigungsprogramm zur Gruppen- und Einzeltherapie.* München: Quintessenz.

Beck, A.T., Rush, A.J., Shaw, B.F. & Emery, G. (1979). *Cognitive therapy for depression.* New York: Guilford.

Beck, J.S. (1999). *Praxis der kognitiven Therapie.* Weinheim: Beltz.

Blagys, M.D. & Hilsenroth, M.J. (2002). Distinctive activities of cognitive-behavioral therapy. A review of the comparative psychotherapy process literature. *Clinical Psychology Review, 22,* 671-706.

Blanchard, E.B., Nicholson, N.L., Taylor, A.E., Steffek, B.D., Radnitz, C.L. & Appelbaum, K.A. (1991). The role of regular home practice in the relaxation treatment of tension headache. *Journal of Consulting and Clinical Psychology, 59,* 467-470.

Botella, C. & Garcia-Palacios, A. (1999). The possibility of reducing therapist contact and total length of therapy in the treatment of panic disorder. *Behavioural and Cognitive Psychotherapy, 27,* 231-247.

Borgart, E.-J. & Kemmler, L. (1989). Hausaufgaben in der Psychotherapie. *Psychologische Rundschau, 40,* 10-17.

Bortz, J. (2005). *Statistik für Human- und Sozialwissenschaftler* (6. Aufl.). Heidelberg: Springer.

Bortz, J. & Döring, N. (2003). *Forschungsmethoden und Evaluation* (3. Aufl.). Berlin: Springer.

Breil, J. (2010). *Hausaufgaben in der Psychotherapie.* Lengerich: Pabst.

Bryant, M.J., Simons, A.D. & Thase, M.E. (1999). Therapist skill and patient variables in home-work compliance: Controlling an uncontrolled variable in cognitive therapy outcome research. *Cognitive Therapy and Research, 23,* 381-399.

Burns, D.D. (1989). *The feeling good handbook.* New York: William Morrow.

Burns, D.D. & Nolen-Hoeksema, S. (1991). Coping styles, homework compliance, and the effectiveness of cognitive-behavioral therapy, *Journal of Consulting and Clinical Psychology, 59,* 305-311.

Burns, D.D. & Nolen-Hoeksema, S. (1992). Therapeutic empathy and recovery from depression in cognitive-behavioral therapy: A structural equation model. *Journal of Consulting and Clinical Psychology, 60,* 441-449.

Burns, D. D. & Spangler, D. L. (2000). Does psychotherapy homework lead to improvements in depression in cognitive-behavioral therapy or does improvement lead to increased homework compliance? *Journal of Consulting and Clinical Psychology, 68,* 46-56.

Carroll, K. M., Nich, C. & Ball, S. A. (2005). Practice makes progress? Homework assignments and outcome in treatment of cocaine dependence. *Journal of Consulting and Clinical Psychology, 73,* 749-755.

Coon, D.W., Rabinowitz, Y.G., Thompson, L.W. & Gallagher-Thompson, D. (2005). Older adults. In: N. Kazantzis, F.P. Deane, K.R. Ronan, & L. L'Abate (Eds.), *Using homework assignments in cognitive behavior therapy* (S. 117-152). New York: Routledge.

Coon, D.W. & Thompson, L.W. (2003). The relationship between homework compliance and treatment outcomes among older adult outpatients with mild-to-moderate depression. *American Journal of Geriatric Psychiatry, 11,* 53-61.

Cowan, M.J., Freedland, K.E., Burg, M.M., Saab, P.G., Youngblood, M.E., Cornell, C.E., Powell, L.H. & Czajkowski, S.M. (2008). Predictors of treatment response for depression and inadequate social support – The ENRICHD randomized clinical trial. *Psychotherapy and Psychosomatics, 77,* 27-37.

Cox, D.J., Tisdelle, D.A. & Culbert, J.P. (1988). Increasing adherence to behavioral homework assignments. *Journal of Behavioral Medicine, 11,* 519-522.

Dattilio, F.M. (2002). Homework assignment in couple and family therapy. *Journal of Clinical Psychology, 58,* 535-547.

Dattilio, F.M. (2005). Couples. In: N. Kazantzis, F.P. Deane, K.R. Ronan, & L. L'Abate (Eds.), *Using homework assignments in cognitive behavior therapy* (S. 153-170). New York: Routledge.

Dattilio, F.M., Kazantzis, N., Shinkfield, G. & Carr, A.G. (2011). A survey of homework use, experience of barriers to homework, and attitudes about the barriers to homework among couples and family therapists. *Journal of Marital and Family Therapy, 37,* 121-136.

Dattilio, F.M., L'Abate, L. & Deane, F.P. (2005). Families. In: N. Kazantzis, F.P. Deane, K.R. Ronan, & L. L'Abate (Eds.), *Using homework assignments in cognitive behavior therapy* (S. 171-190). New York: Routledge.

Deane, F.P., Glaser, N.M., Oades, L.G. & Kazantzis, N. (2005). Psychologists' use of homework assignments with clients how have schizophrenia. *Clinical Psychologist, 9,* 24-30.

De Araujo, L.A., Ito, L.M. &Marks, I.M. (1996). Early compliance and other factors predicting outcome of exposure for obsessive-compulsive disorder. *The British Journal of Psychiatry, 169,* 747-752.

De Shazer, S. (1997). *Der Dreh. Überraschende Wendungen und Lösungen in der Kurzzeittherapie.* Heidelberg: Carl-Auer-System-Verlag.

Detweiler, J.B. & Whisman, M.A. (1999). The role of homework assignments in cognitive therapy for depression: Potential methods for enhancing adherence, *Clinical Psychology: Science and Practice, 6,* 267-282.

Detweiler-Bedell, J. B. & Whisman, M. A. (2005). A lesson in assigning homework: Therapist, client, and task characteristics in cognitive therapy for depression. *Professional Psychology: Research and Practice, 36,* 219-223.

DeVries, H.M. (2007). Older adults. In: N. Kazantzis & L. L'Abate (Eds.), *Handbook of homework assignments in psychotherapy. Research, practice, and prevention* (S. 175-186). New York: Springer.

Dunn, H. & Morrison, A.P. (2007). Psychosis. In: N. Kazantzis & L. L'Abate (Eds.), *Handbook of homework assignments in psychotherapy. Research, practice, and prevention* (S. 335-349). New York: Springer.

Dunn, H., Morrison, A.P. & Bentall, R.P. (2002). Patients' experiences of homework tasks in cognitive behavioural therapy for psychosis: A qualitative analysis. *Clinical Psychology and Psychotherapy, 9,* 361-369.

Edelman, R.E. & Chambless, D.L. (1993). Compliance during sessions and homework in exposure-based treatment of agoraphobia. *Behaviour Research and Therapy, 31,* 767-773.

Edelman, R.E. & Chambless, D.L. (1995). Adherence during sessions and homework in cognitive-behavioral group treatment of social phobia. *Behaviour Research and Therapy, 33,* 573-577.

Ehlers, A. (1999). *Posttraumatische Belastungsstörung.* Göttingen: Hogrefe.

Ellison, J.A. & Greenberg, L.S. (2007). Emotion-focused experiential therapy. In: N. Kazantzis & L. L'Abate (Eds.), *Handbook of homework assignments in psychotherapy. Research, practice, and prevention* (S. 65-83). New York: Springer.

Epstein, N.B. & Baucom, D.H. (2007). Couples. In: N. Kazantzis & L. L'Abate (Eds.), *Handbook of homework assignments in psychotherapy. Research, practice, and prevention* (S. 187-201). New York: Springer.

Fehm, L. & Fehm-Wolfsdorf, G. (2001). Hausaufgaben in der Psychotherapie. Hausaufgaben als therapeutische Intervention: Ausnahme oder Alltag? *Psychotherapeut, 46,* 386-390.

Fehm, L. & Fehm-Wolfsdorf, G. (2009). Therapeutische Hausaufgaben. In J. Margraf & S. Schneider (Hrsg.), *Lehrbuch der Verhaltenstherapie Band 1 – Grundlagen und Verfahren* (S. 709-719). Berlin: Springer.

Fehm, L. & Helbig, S. (2006). Hausaufgaben und Verhaltensverträge. In H.-U. Wittchen & J. Hoyer (Hrsg.), *Klinische Psychologie & Psychotherapie* (S. 535-541). Heidelberg: Springer.

Fehm, L. & Helbig, S. (2008). *Hausaufgaben in der Psychotherapie. Strategien und Materialien für die Praxis.* Göttingen: Hogrefe.

Fehm, L. & Helbig-Lang, S. (2009). Hausaufgaben in der Psychotherapie. Standardtechnik mit hohem Potenzial. *Psychotherapeut, 54,* 377-392.

Fehm, L. & Kazantzis, N. (2004). Attitudes and use of homework assignments in therapy: A survey of german psychotherapists. *Clinical Psychology and Psychotherapy, 11,* 332-343.

Fehm, L. & Mrose, J. (2008). Patients' perspective on homework assignments in cognitive-behavioural therapy. *Clinical Psychology and Psychotherapy, 15,* 320-328.

Fennell, M.J. & Teasdale, J.D. (1987). Cognitive therapy for depression: Individual differences and the process of change. *Cognitive Therapy and Research, 11,* 253-271.

Forkmann, T., Scherer, A., Boecker, M., Pawelzik, M., Jostes, R. & Gauggel, S. (2011). The clinical global impression scale and the influence of patient or staff perspective on outcome. BMC Psychiatry,11:83. Verfügbar unter: http://www.biomedcentral.com/1471-244X/11/83 [20.12.11].

Franke, G. (2002). Die Symptom-Checkliste von Derogatis – Deutsche Version – (SCL-90-R). Manual (2. Aufl.). Göttingen: Beltz Test GmbH.

Franklin, M.E., Huppert, J.D. & Roth Ledley, D. (2005). Obsessions and compulsions. In: N. Kazantzis, F.P. Deane, K.R. Ronan, & L. L'Abate (Eds.), *Using homework assignments in cognitive behavior therapy* (S. 219-236). New York: Routledge.

Freeman, A. & Rosenfield, B. (2002). Modifying therapeutic homework for patients with personality disorders. *Psychotherapy in Practice, 58,* 513-524.

Freeman, A.A. & Rosenfield, B. (2005). Homework. In A. Freeman (Ed.), *Encyclopedia of cognitive behavior therapy* (S. 214-218). New York: Springer.

Friedberg, R.D. & McClure, J.M. (2005). Adolescents. In: N. Kazantzis, F.P. Deane, K.R. Ronan, & L. L'Abate (Eds.), *Using homework assignments in cognitive behavior therapy* (S. 95-116). New York: Routledge.

Garland, A. & Scott, J. (2002). Using homework in therapy for depression. *Journal of Clinical Psychology, 58,* 489-498.

Garland, A. & Scott, J. (2005). Depression. In: N. Kazantzis, F.P. Deane, K.R. Ronan, & L. L'Abate (Eds.), *Using homework assignments in cognitive behavior therapy* (S. 237-261). New York: Routledge.

Glaser, N. M., Kazantzis, N., Deane, F. P. & Oades, L. G. (2000). Critical issues in using homework assignments within cognitive-behavioral therapy for schizophrenia. *Journal of Rationale-Emotive & Cognitive-Behavior Therapy, 18,* 247-261.

Goisman, R.M. (1985). The psychodynamics of prescribing in behavior therapy. *American Journal of Psychiatry, 142,* 675-679.

Gollwitzer, P.M. & Brandstätter, V. (1997). Implementation intentions and effective goal pursuit. *Journal of Personality and Social Psychology, 73,* 186-199.

Gonzales, V.M., Schmitz, J.M. & DeLaune, K.A. (2006). The role of homework in cognitive-behavioral therapy for cocaine dependence. *Journal of Consulting and Clinical Psychology, 74,* 633-637.

Grawe, K. (1998). *Psychologische Therapie.* Göttingen: Hogrefe.

Guy, W. (1976). Clinical Global Impressions. In W. Guy (Ed.), *ECDEU Assessment Manual for Psychopharmacology, revised* (S. 217-222). Rockville: National Institute of Mental Health.

Hamilton, M. (1960). Standardized assessment and recording of depressive symptoms. *Psychiatria, 72,* 201-205.

Harmon, T.M., Nelson, R.O. & Hayes, S.C. (1980). Self-Monitoring of mood versus activity by depressed clients. *Journal of Consulting and Clinical Psychology, 48,* 30-38.

Hautzinger, M. (2003). *Kognitive Verhaltenstherapie bei Depression: Behandlungsanleitung und Materialien* (6. Auflage). Weinheim: Beltz.

Helbig, S. & Fehm, L. (2004). Problems with homework in CBT: Rare exception or rather frequent? *Behavioural and Cognitive Psychotherapy, 32,* 291-301.

Helbig, S. & Fehm, L. (2005). Der Einsatz von Hausaufgaben in der Psychotherapie. Empfehlungen und empirische Fundierung. *Psychotherapeut, 50,* 122-128.

Hoelscher, T.J., Lichstein, K.L. & Rosenthal, T.L. (1984). Objective vs. subjective assessment of relaxation compliance among anxious individuals. *Behaviour Research and Therapy, 22,* 187-193.

Hudson, J. L. & Kendall, P. C. (2002). Showing you can do it: Homework in therapy for children and adolescents with anxiety disorders. *Journal of Clinical Psychology, 58,* 525-534.

Hudson, J.L. & Kendall, P.C. (2005). Children. In: N. Kazantzis, F.P. Deane, K.R. Ronan, & L. L'Abate (Eds.), *Using homework assignments in cognitive behavior therapy* (S. 75-94). New York: Routledge.

Hughes, A.A. & Kendall, P.C. (2007). Prediction of cognitive behavior treatment outcome for children with anxiety disorders: Therapeutic relationship and homework compliance. *Behavioural and Cognitive Psychotherapy, 35,* 487-494.

Huppert, J. D., Roth Ledley, D. & Foa, E. B. (2006). The use of homework in behavior therapy for anxiety disorders. *Journal of Psychotherapy Integration, 16,* 128-139.

Institut für Psychologische Psychotherapieausbildung, (n.d.). [On-line] Verfügbar unter: http://www.ppausbildung.uni-bremen.de [19.12.11].

Kähler, W.-M. (2002). *Statistische Datenanalyse. Verfahren verstehen und mit SPSS gekonnt einsetzen* (2. erweiterte und überarbeitete Aufl.). Braunschweig: Vieweg.

Kazantzis, N. (2000). Power to detect homework effects in psychotherapy outcome research. *Journal of Consulting and Clinical Psychology, 68,* 166-170.

Kazantzis, N. (2005). Introduction and overview. In: N. Kazantzis, F.P. Deane, K.R. Ronan, & L. L'Abate (Eds.), *Using homework assignments in cognitive behavior therapy* (S. 1-6). New York: Routledge.

Kazantzis, N., Busch, R., Ronan, K.R. & Merrick, P.L. (2007). Using homework assignments in psychotherapy: Differences by theoretical orientation and professional training? *Behavioural and Cognitive Psychotherapy, 35,* 121-128.

Kazantzis, N. & Dattilio, F. M. (2010). Definitions of homework, types of homework, and ratings of importance of homework among psychologists with cognitive behavior therapy and psychoanalytic theoretical orientations. *Journal of Clinical Psychology, 66,* 758-773.

Kazantzis, N. & Deane, F. P. (1999). Psychologists' use of homework assignments in clinical practice. *Professional Psychology: Research and Practice, 30* (6), 581-585.

Kazantzis, N., Deane, F. P. & Ronan, K. R. (2000). Homework assignments in cognitive and behavioral therapy: A meta-analysis. *Clinical Psychology: Science and Practice, 7,* 189-202.

Kazantzis, N., Deane, F.P. & Ronan K.R. (2004). Assessing compliance with homework assignments: Review and recommendations for clinical practice. *Journal of Clinical Psychology, 60,* 627-641.

Kazantzis, N., Deane, F.P. & Ronan, K.R. (2005). Assessment of homework completion. In: N. Kazantzis, F.P. Deane, K.R. Ronan, & L. L'Abate (Eds.), *Using homework assignments in cognitive behavior therapy* (S. 61-72). New York: Routledge.

Kazantzis, N., Deane, F.P., Ronan, K.R. & Lampropoulos, G.K. (2005). Empirical foundations. In: N. Kazantzis, F.P. Deane, K.R. Ronan, & L. L'Abate (Eds.), *Using homework assignments in cognitive behavior therapy* (S. 35-60). New York: Routledge.

Kazantzis, N. & L'Abate, L. (2005). Theoretical foundations. In: N. Kazantzis, F.P. Deane, K.R. Ronan, & L. L'Abate (Eds.), *Using homework assignments in cognitive behavior therapy* (S. 9-34). New York: Routledge.

Kazantzis, N. & L'Abate, L. (2007). Introduction and historical overview. In: N. Kazantzis & L. L'Abate (Eds.), *Handbook of homework assignments in psychotherapy. Research, practice, and prevention* (S. 1-15). New York: Springer.

Kazantzis, N. & Lampropoulos, G. K. (2002). Reflecting on homework in psychotherapy: What can we conclude from research and experience? *Journal of Clinical Psychology, 58*, 577-585.

Kazantzis, N., Lampropoulos, G. K. & Deane, F. P. (2005). A national survey of practicing psychologists' use and attitudes toward homework in psychotherapy. *Journal of Consulting and Clinical Psychology, 73*, 742-748.

Kazantzis, N., Mac Ewan, J. & Dattilio, F.M. (2005). A guiding model for practice. In: N. Kazantzis, F.P. Deane, K.R. Ronan, & L. L'Abate (Eds.), *Using homework assignments in cognitive behavior therapy* (S. 357-404). New York: Routledge.

Kazantzis, N. & Ronan, K. R. (2006). Can between-session (homework) activities be considered a common factor in psychotherapy? *Journal of Psychotherapy Integration, 16*, 115-127.

Kazantzis, N., Whittington, C. & Dattilio, F. (2010). Meta-analysis of homework effects in cognitive and behavioral therapy: A replication and extension. *Clinical Psychology: Science and Practice, 17*, 144-156.

Kazdin, A.E. & Mascitelli, S. (1982). Covert and overt rehearsal and homework practice in developing assertiveness. *Journal of Consulting and Clinical Psychology, 50,* 250-258.

Kelly, P. J., Deane, F. P., Kazantzis, N. & Crowe, T. P. (2007). Case managers' attitudes toward the use of homework for people diagnosed with a severe psychiatric disability. *Rehabilitation Counseling Bulletin, 51*, 34-43.

Kelly, P.J., Deane, F.P., Kazantzis, N., Crowe, T.P. & Oades, L.G. (2006). Use of homework by mental health case managers in the rehabilitation of persistent and recurring psychiatric disability. *Journal of Mental Health, 15,* 95-101.

Kemmler, L., Borgart, E.-J. & Gärke, R. (1992). Der Einsatz von Hausaufgaben in der Psychotherapie. Eine Praktikerbefragung. *Report Psychologie, 46,* 9-18.

Kornblith, S.J., Rehm, L.P., O'Hara, M.W. & Lamparski, D.M. (1983). The contribution of self-reinforcement training and behavioral assignments to the efficacy of self-control therapy for depression. *Cognitive Therapy and Research, 7,* 499-528.

L'Abate, L., L'Abate, B.L. & Maino, E. (2005). Reviewing 25 years of professional practice: Homework assignments and length of therapy. *The American Journal of Family Therapy, 33,* 19-31.

Lambert, M.J., Harmon, S.C. & Slade, K. (2007). Directions for research on homework. In: N. Kazantzis & L. L'Abate (Eds.), *Handbook of homework assignments in psychotherapy. Research, practice, and prevention* (S. 407-423). New York: Springer.

Leahy, R.L. (2002). Improving homework compliance in the treatment of generalized anxiety disorder. *Psychotherapy in Practice, 58,* 499-511.

Leahy, R.L. (2005). Panic, agoraphobia, and generalized anxiety. In: N. Kazantzis, F.P. Deane, K.R. Ronan, & L. L'Abate (Eds.), *Using homework assignments in cognitive behavior therapy* (S. 193-218). New York: Routledge.

Leung, A.W. & Heimberg, R.G. (1996). Homework compliance, perceptions of control, and outcome of cognitive-behavioral treatment of social phobia. *Behaviour and Research Therapy, 34,* 423-432.

Mahrer, A.R., Gagnon, R., Fairweather, D.R., Boulet, D.B. & Herring, C.B. (1994). Client commitment and resolve to carry out postsession behaviors. *Journal of Counseling Psychology, 41,* 407-414.

Mahrer, A.R., Nordin, S. & Miller, L.S. (1995). If a client has this kind of problem, prescribe that kind of post-session behavior. *Psychotherapy, 32,* 194-203.

Margraf, J. & Schneider, S. (1990). *Panik. Angstanfälle und ihre Behandlung* (2. Auflage). Berlin: Springer.

Marks, I.M., Lelliott, P., Basoglu, M., Noshirvani, H., Monteiro, W., Cohen, D. & Kasvikis, Y. (1988). Clomipramine, self-exposure and therapist-aided exposure for obsessive-compulsive rituals. *British Journal of Psychiatry, 152,* 522-534.

Mausbach, B. T., Moore, R., Roesch, S., Cardenas, V. & Patterson, T. L. (2010). The relationship between homework compliance and therapy outcomes: An updated meta-analysis. *Cognitive Therapy and Research, 34,* 429-438.

Michalak, J., Kosfelder, J., Meyer, F. & Schulte, D. (2003). Messung des Therapieerfolgs. Veränderungsmaße oder retrospektive Erfolgsbeurteilung. *Zeitschrift für Klinische Psychologie und Psychotherapie, 32,* 213-219.

Morrow-Bradley, C. & Elliott, R. (1986). Utilization of psychotherapy research by practicing psychotherapists. *American Psychologist, 41,* 188-197.

Neimeyer, R. A. & Feixas, G. (1990). The role of homework and skill acquisition in the outcome of group cognitive therapy for depression. *Behavior Therapy, 21,* 281-292.

Nelson, D.L., Castonguay, L.G. & Barwick, F. (2007). Directions for the integration of homework in practice. In: N. Kazantzis & L. L'Abate (Eds.), *Handbook of homework assignments in psychotherapy. Research, practice, and prevention* (S. 425-444). New York: Springer.

Newcomb Reckart, K. & Lebow, J. (2007). Families. In: N. Kazantzis & L. L'Abate (Eds.), *Handbook of homework assignments in psychotherapy. Research, practice, and prevention* (S. 203-223). New York: Springer.

Norcross, J.C., Hedges, M. & Prochaska, J.O. (2002). The face of 2010: A delphi poll on the future of psychotherapy. *Professional Psychology: Research and Practice, 33,* 316-322.

Park, J., Mataix-Cols, D., Marks, I.M., Ngamthipwatthana, T., Marks, M., Araya, R. & Al-Kubaisy, T. (2001). Two-year follow-up after a randomized controlled trial of self- and clinician-accompanied exposure for phobia/panic disorders. *British Journal of Psychiatry, 178,* 543-548.

Persons, J.B., Burns, D.D. & Perloff, J.M. (1988). Predictors of dropout and outcome in cognitive therapy for depression in a private practice setting. *Cognitive Therapy and Research, 12,* 557-575.

Primakoff, L., Epstein, N. & Covi, L. (1986). Homework compliance: An uncontrolled variable in cognitive therapy outcome research. *Behavior Therapy, 17,* 433-446.

Psychotherapeutische Ambulanz (ZKPR) der Universität Bremen, (n.d.). [On-line] Verfügbar unter: http://www.ambulanz.uni-bremen.de [17.12.11].

Scheel, M. J., Hanson, W. E. & Razzhavaikina, T. I. (2004). The process of recommending homework in psychotherapy: A review of therapist delivery methods, client acceptability, and factors that affect compliance. *Psychotherapy: Theory, Research, Practice, Training, 41,* 38-55.

Scheel, M.J., Seaman, S., Roach, K., Mullin, T. & Blackwell-Mahoney, K. (1999). Client implementation of therapist recommendations predicted by client perception of fit, difficulty of implementation, and therapist influence. *Journal of Counseling Psychology, 46,* 1-9.

Schmelzer, D. (1997). Kooperationsprobleme zwischen Forschung und Praxis der Verhaltenstherapie. In H. Reinecker & P. Fiedler (Hrsg.), *Therapieplanung in der modernen Verhaltenstherapie: Eine Kontroverse* (S. 80-86). Lengerich: Pabst Science Publishers.

Schmidt, N.B. & Woolaway-Bickel, K. (2000). The effects of treatment compliance on outcome in cognitive-behavioral therapy for panic disorder: Quality versus quantity. *Journal of Consulting and Clinical Psychology, 68,* 13-18.

Shelton, J.L. & Ackerman, J.M. (1978). *Verhaltens-Anweisungen. Hausaufgaben in Beratung und Psychotherapie.* München: Pfeiffer.

Shelton, J.L. & Levy, R.L. (1981). *Behavioral assignments and treatment compliance: A handbook of clinical strategies.* Champaign, IL: Research Press.

Stangier, U., Heidenreich, T. & Peitz, M. (2003). *Soziale Phobie. Ein kognitiv-verhaltenstherapeutisches Behandlungsmanual.* Weinheim: Beltz.

Startup, M. & Edmonds, J. (1994). Compliance with homework assignments in cognitive-behavioral psychotherapy for depression: Relation to outcome and methods of enhancement. *Cognitive Therapy and Research, 18,* 567-579.

Stricker, G. (2007). Psychodynamic therapy. In: N. Kazantzis & L. L'Abate (Eds.), *Handbook of homework assignments in psychotherapy. Research, practice, and prevention* (S. 101-111). New York: Springer.

Thase, M. E. & Callan, J. A. (2006). The role of homework in cognitive behavior therapy of depression. *Journal of Psychotherapy Integration, 16,* 162-177.

Tompkins, M.A. (2002). Guidelines for enhancing homework compliance. *Psychotherapy in Practice, 58,* 565-576.

Waadt, S., Laessle, R.G. & Pirke, K.M. (1992). *Bulimie. Ursachen und Therapie.* Berlin: Springer.

Wendlandt, W. (2002). *Therapeutische Hausaufgaben. Materialien für die Eigenarbeit und das Selbsttraining. Eine Anleitung für Therapeuten, Betroffene, Eltern und Erzieher.* Stuttgart: Thieme.

Westra, H.A., Dozois, D.J.A. & Marcus, M. (2007). Expectancy, homework compliance, and initial change in cognitive behavioral therapy for anxiety. *Journal of Consulting and Clinical Psychology, 75,* 363-373.

Wittchen, C.M., Zaudig, M. & Fydrich, T. (1997). *Strukturiertes Klinisches Interview für DSM-IV.* Göttingen: Hogrefe.

Witty, M.C. (2007). Client-centered therapy. In: N. Kazantzis & L. L'Abate (Eds.), *Handbook of homework assignments in psychotherapy. Research, practice, and prevention* (S. 35-50). New York: Springer.

Woods, C.M., Chambless, D.L. & Steketee, G. (2002). Homework compliance and behavior therapy outcome for panic with agoraphobia and obsessive compulsive disorder. *Cognitive Behaviour Therapy, 31,* 88-95.

Woody, S.R. & Adessky, R.S. (2002). Therapeutic alliance, group cohesion, and homework compliance during cognitive-behavioral group treatment of social phobia. *Behavior Therapy,*
33, 5-27.

World Health Organization WHO (2003). *Adherence to long-term therapies. Evidence for action.*
Geneva: World Health Organization.

Worthington, E.L. (1986). Client compliance with homework directives during counseling. *Jour-*
nal of Counseling Psychology, 33, 124-130.

Young, J.F. & Mufson, L. (2007). Interpersonal psychotherapy. In: N. Kazantzis & L. L'Abate
(Eds.), *Handbook of homework assignments in psychotherapy. Research, practice, and*
prevention (S. 85-100). New York: Springer.

Zentrum für Klinische Psychologie und Rehabilitation, (n.d.). [On-line] Verfügbar unter:
http://www.zrf.uni-bremen.de/zkpr [19.12.11].

Anhang

Anhang A

<u>Protokollbogen für Therapiesitzungen der psychotherapeutischen Ambulanz der Universität Bremen</u> – Hervorhebungen (rot) durch die Autorin

PATIENTENDOKUMENTATION

Kooperativer Verbund Psychotherapeutische Ambulanz (ZKPR) der Universität Bremen
Christoph-Dornier-Stiftung für Klinische Psychologie
Institut für Psychologische Psychotherapieausbildung (IPP Bremen GmbH)

PROTOKOLLBOGEN FÜR THERAPIESITZUNGEN NR: _____   PAT-CODE: _____

Datum: Uhrzeit: von   bis   Sitzung Nr.:

Th.:

VTh.   anwesend: ☐ ja   ☐ nein

Umsetzung v. Absprachen / Aufgaben der letzten Sitzung; zwischenzeitl. Veränderungen:
Freie Beschreibung:

HA gemacht?
☐ nein ☐ wie vereinbart
☐ weniger als vereinbart
☐ mehr als vereinbart

Ziele/Behandlungsschwerpunkt:

Hausaufgabenadhärenz

Verlauf der Sitzung (Inhalte, Interventionen, Ergebnisse):
Freie Beschreibung:

Interventionen:
(Mehrfachnennung möglich)
☐ Psychoedukation
☐ Kognitive Vorbereitung
☐ Verhaltensanalyse
☐ motivationale Klärung
☐ Kognitive Umstrukturierung
☐ Exposition in-sensu
☐ Exposition in-vivo
☐ interozeptive Expo
☐ Verhaltensexperiment
☐ Aktivitätenaufbau
☐ Rollenspiele
☐ Entspannung
☐ Habit Reversal Training
☐ Problemlösetraining
☐ Rückfallprophylaxe
☐ Sonstiges:

Neue Informationen/Hypothesen:

Therapeutische Beziehung/Interaktion:
Freie Beschreibung:

Eigener Eindruck:
☐ Probleme/Schwierigkeiten
☐ unauffällig/gut

Neue Therapieaufgaben/Absprachen: Art und Anzahl
Freie Beschreibung: der Hausaufgaben

Wurden HA vereinbart?
☐ nein
☐ konkrete Vereinbarung (Ort, Zeit etc.)
☐ grobe Aufgabe besprochen

Planung der nächsten Sitzung/zu erledigen:

Hausaufgabenvergabe & Systematik

Anhang B

Erstdiagnosen: Einteilung der Diagnosekategorien und Häufigkeiten (N=79)

Kategorie	Diagnosen		N
Depressive Störungen n=24	F32.0	Leichte depressive Episode	2
	F32.1	Mittelgrade depressive Episode	6
	F32.2	Schwere depressive Episode ohne psychotische Symptome	2
	F33.1	rezidivierende depressive Störung, gegenwärtig mittelgradige Episode	10
	F33.2	rezidivierende depressive Störung, gegenwärtig schwere Episode ohne psychotische Symptome	3
	F33.3	rezidivierende depressive Störung, gegenwärtig schwere Episode mit psychotischen Symptomen	1
	F34.1	Dysthymia	1
Angststörungen n=33	F40.00	Agoraphobie ohne Panikstörung	6
	F40.01	Agoraphobie mit Panikstörung	12
	F40.1	soziale Phobie	6
	F40.2	Spezifische Phobie	4
	F41.0	Panikstörung	1
	F41.1	Generalisierte Angststörung	4
Zwangsstörungen n=10	F42.0	Zwangsstörung, vorwiegend Zwangsgedanken	3
	F42.1	Zwangsstörung, vorwiegend Zwangshandlungen	3
	F42.2	Zwangsstörung, Zwangsgedanken und - handlungen gemischt	4
Andere n=11	F31.8	sonstige bipolare affektive Störung	1
	F43.1	Posttraumatische Belastungsstörung	1
	F43.22	Anpassungsstörung – Angst und depressive Reaktion gemischt	1
	F45.0	Somatisierungsstörung	1
	F45.1	Undifferenzierte Somatisierungsstörung	1
	F45.2	Hypochondrische Störung	4
	F60.6	Ängstliche (vermeidende) Persönlichkeitsstörung	1
	F63.2	pathologisches Stehlen (Kleptomanie)	1

Anhang C

Einfaktorielle Varianzanalyse und Scheffé-Test mit der Anzahl behavioraler Hausaufgaben als abhängige Variable

Einfaktorielle Varianzanalyse: Relative Anzahl behavioraler Hausaufgaben

	Quadratsumme	df	Mittel der Quadrate	F	Signifikanzniveau
Zwischen den Gruppen	1.649	3	.550	10.997**	.000
Innerhalb der Gruppen	3.749	75	.050		
Gesamt	5.398	78			

**p<.01

Scheffé-Test: Relative Anzahl behavioraler Hausaufgaben

Erstdiagnose	Erstdiagnose	Mittlere Differenz	Standardfehler	Signifikanzniveau
Depressive Störung	Angststörung	-.29943**	.05928	.000
	Zwangsstörung	-.33816**	.08366	.002
	Andere	-.07620	.08090	.828
Angststörung	Depressive Störung	.29943**	.05928	.000
	Zwangsstörung	-.03874	.08071	.972
	Andere	.22322*	.07784	.049
Zwangsstörung	Depressive Störung	.33816**	.08366	.002
	Angststörung	.03874	.08071	.972
	Andere	.26196	.09769	.075
Andere	Depressive Störung	.07620	.08090	.828
	Angststörung	-.22322*	.07784	.049
	Zwangsstörung	-.26196	.09769	.075

*p<.05. **p<.01.

Anhang D

Kontingenztabelle über die Hausaufgabenadhärenz und die Hausaufgabenart aller Sitzungen mit Hausaufgabenvergabe

			Hausaufgabenart		
			Kognitive Aufgaben	Behaviorale Aufgaben	Gesamt
Hausaufgaben-adhärenz	Hausaufgabe nicht erledigt	Anzahl	44	41	85
		% von Art	12.6%	9.8%	11.0%
	Hausaufgabe erledigt	Anzahl	306	379	685
		% von Art	87.4%	90.2%	89.0%
	Gesamt	Anzahl	350	420	770
		% von Art	100.0%	100.0%	100.0%

Anhang E

Kontingenztabelle über die Hausaufgabenadhärenz und die Systematik der Vergabe aller Sitzungen mit Hausaufgabenvergabe

| | | | Systematik | | |
			Grobe Aufgabe besprochen	Konkrete Vereinbarung (Ort, Zeit)	Gesamt
Hausaufgaben-adhärenz	Hausaufgabe nicht erledigt	Anzahl	53	39	92
		% von Systematik	8.8%	11.0%	9.6%
	Hausaufgabe erledigt	Anzahl	549	316	865
		% von Systematik	91.2%	89.0%	90.4%
	Gesamt	Anzahl	602	355	957
		% von Systematik	100.0%	100.%	100.0%